U0864184

再现世界历史 15

刘振宇 编著

中国史学发展

山东科学技术出版社

图书在版编目（CIP）数据

再现世界历史．中国史学发展 / 刘振宇编著．—济南：山东科学技术出版社，2017.2

ISBN 978-7-5331-8777-4

Ⅰ.①再…　Ⅱ.①刘…　Ⅲ.①世界史—通俗读物 ②史学史—中国—通俗读物　Ⅳ.① K109 ② K092-49

中国版本图书馆 CIP 数据核字（2017）第 029100 号

中文繁体版 © 莎士比亚文化事业股份有限公司出版发行
本书由莎士比亚文化事业股份有限公司正式授权，同意由山东科学技术出版社有限公司出版中文简体版。非经书面同意，不得以任何形式任意重制、转载。

版权登记号：图字 15-2016-220

再现世界历史

中国史学发展

刘振宇　编著

主管单位：山东出版传媒股份有限公司
出 版 者：山东科学技术出版社
地址：济南市玉函路 16 号
邮编：250002　电话：（0531）82098088
网址：www.lkj.com.cn
电子邮件：sdkj@sdpress.com.cn
发 行 者：山东科学技术出版社
地址：济南市玉函路 16 号
邮编：250002　电话：（0531）82098071
印 刷 者：山东新华印务有限责任公司
地址：济南市世纪大道 2366 号
邮编：250104　电话：（0531）82079112

开本：787mm × 1092mm　1/16
印张：7
字数：140 千
印数：1-5000
版次：2017 年 2 月第 1 版　2017 年 2 月第 1 次印刷

ISBN 978-7-5331-8777-4
定价：29.80 元

序

魏新，文化学者，全国青联常委，央视《百家讲坛》主讲人。

世界上最宝贵的是什么？是时间，是生命。

时间一去不返，生命不能重来，幸运的是，它们都可以凝结成历史，得以保留，代代流传。

正如历史学家钱穆所说，只有忘不了的人和事，才构成我们的真生命。

史书，正是人类的生命之书。

读历史，是个体生命对集体生命的终极思考，也是集体生命对个体生命的细致剖析。

历史是严肃的，庄重的，同时又饱

含深情，充满温度。历史中有智慧，有教训，有奇迹，有遗憾，有血，有泪，有画，有诗。

历史是难忘的过去，也是看得见的未来。

《再现世界历史》是横跨两岸的百名专家学者历时十年的智慧结晶。和一般的历史读物不同，这套书在史实准确的基础上，史观科学，史识过人，并拥有着宽广的视野，更重要的是通过作者精心设计的栏目和细节，让历史从枯燥的文字中立体起来。用当今一项先进技术的名称去形容，这仿佛是一套VR版的世界历史，让读者从历史中看到一个新鲜而又古老的世界，并能够置身其中。

这是一套书，更是一套时间和生命的礼物，愿它能陪伴你，也愿人类文明曾迸发出光辉的那些瞬间，可以融入今人的血液，成为文化的基因，永远传承下去。

导 读

为了帮你更好地阅读本书，我们精心设计了很多栏目和细节。每个栏目都有专属标志，一目了然。

特别专题

这是翻开书时的第一个小惊喜。

大大的拉页，极具视觉效果。

精心策划的题目，诗意的语言，重点脉络、主要人物介绍，都集中在这里。

时代背景

这是进入正文的第一个栏目，引导你读下去的第一关键。

它提纲挈领、条理分明地述说来龙去脉，相当于在深入了解这段历史时期之前，给你补了一节小小的基础课。

历史大事件

最有看头的部分来了。

一场决定生死的战争，一次惊天动地的改革；一种前所未有的思想，一件彻底改变人们生活的发明……

它们如何发生？怎么进行？影响多大？

历史群像

有英雄豪杰，也有混世魔王；有帝王后妃，也有潦倒文人；有地位崇高的学术巨擘，也有风华绝代的当红女明星……

仿佛幻化成活动的影像，他们将在这里再次登场。

悬案秘辛

历史上有太多未解之谜，撩拨着每个人的好奇心。

成吉思汗的陵墓究竟在哪里？

刺杀肯尼迪总统的凶手到底是谁？

让我们一起抽丝剥茧，探索真相。

重回历史现场

历史可以重演！

我们用可靠的史料、严谨的推论，再加上一点想象力，将重要历史场景再次呈现。

我们还会带你走访遗迹故址，亲临历史现场。

艺术精粹

历史不只弥漫着战争的硝烟，也萦绕着艺术的韵味。

绘画、雕塑、器物、音乐、戏曲、建筑……

史上最精彩的艺术杰作汇聚一堂。

与天才巨匠和名作相遇，将是多么美好的享受。

大事记

每本书的结尾，都有一个大事年表。

这本书里你读到了什么？再梳理一遍吧。

历史的印象更加清晰。

如果有些内容你觉得模糊了，也可以按图索骥。

每本书都有自己独特的题材，所以栏目设置上也稍有不同。我们还设置了一些个性化栏目来帮你更好地阅读，如社会采风、考古探掘、艺术瑰宝、学术巨擘，等等。

看完这些，无论你对历史兴趣如何，我们相信你会有所收获。

和历史做朋友，可以大开眼界，可以少走弯路，可以用别人的教训，总结出自己的经验。

所以培根说："读史使人明智。"

愿《再现世界历史》能带给你一段美好的读史时光！

中国史学发展　目录

Contents

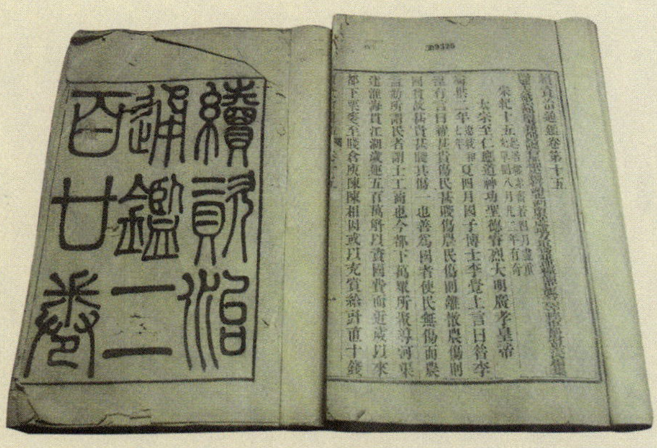
續資治通鑑二百廿卷

↑ **司马迁故里**

司马迁是左冯翊夏阳人，其地理位置大概是今陕西韩城西南靠近龙门的地方。故司马迁在《太史公自序》中称“迁生龙门”。龙门就是龙门山，它的南面就是黄河。司马迁的故里就在黄河与龙门之间。

过梁、楚回到长安。据王国维考证，具体路线如下：司马迁从京城长安（今陕西西安）出发，向东南，出武关（今陕西丹凤）至宛（今河南南阳），然后南下襄樊（今湖北襄阳）到江陵。渡江，溯沅水至湘西，折向东南到九嶷（今湖南宁远）。窥九嶷后北上长沙，到汨罗江屈原沉渊处凭吊。随后越洞庭，出长江，顺流东下。登庐山，观大禹疏九江之处，辗转到钱塘。上会稽（今浙江绍兴），探禹穴，还到吴国旧地观看春申君的宫室。上姑苏（今江苏苏州），望五湖（今太湖）。之后，渡江北上，过淮阴，至临淄、曲阜，考察了齐鲁地区的文化，观看了孔子的遗风。后受困于鄱、薛、彭城（今江苏徐州），然后沿着秦汉之际历史人物的故乡，楚汉之争的战场，经彭城，历沛（今江苏沛县）、丰（今江苏丰县）、砀（今安徽砀山）、睢阳（今河南商丘），至梁（今河南开封），回到长安。

坎坷史家

命运似乎总是要给历史学家不公的待遇，
司马迁在囹圄中发愤撰写《史记》，
班固《汉书》未成而下狱至死，
司马光在忧愤寂寞中开始他的著史事业，
因为不合君主意见而身死书毁的史家不知凡几，
一部中国史学史，
仿佛是用史家的坎坷经历写就的。

煌煌史著

历史学的幽光，
从殷墟甲骨上的文字透出来，
从青铜器上的铭文透出来，
从发黄的纸卷上透出来，
中国人仿佛从有文字的那一天起，
就没有停止过对自己历史的书写，
煌煌史籍，
足以成为后世子孙的骄傲。

班固

他生活在儒学已经成为国家正统思想的时代。他出生于门楣显要的儒学世家，他与弟弟班超、妹妹班昭皆为东汉历史上的重要人物。他继承了父亲的史学理想。他所书写的《汉书》开创了断代史的体例，从而与史学大家司马迁并称为“班马”。

司马光

中国历史上有两个“司马”，他们在中国史学史上是两座不可攀登的高峰。西汉的司马迁开创了中国历史用纪传体书写的惯例。北宋的司马光则光大了自古以来编年体的传统。司马光所处的时代是一个中国史学进入审慎、质疑的科学时代，他的著作更为这个时代增添了光辉篇章。

史学走向何方

当纪传体被否定了，
当编年体被否定了，
当整个传统被颠覆了，
中华民族最绵延不绝的史学该走向何方，
即使我们一时之间不能探寻到它的答案，
但是我们不能停止对它的答案的探寻。

顾炎武

他曾经亲眼目睹了一个皇朝的陨落。他亲身感受异族入侵、生灵涂炭的惨剧。他不是一个只会困于书斋的酸腐文人，他曾经身为抗敌救国的义士，在颠沛流离的逃亡过程中思索国家倾覆的原因。他提出的“经世致用”的说法和开创的考据学，对后世影响深远。

梁启超

他生活在一个中国出现“千年未有之大变局”的时代。他以一个文人之力为拯救国家的命运奔走呼号。他是近代以来觉醒的知识分子之一。他不仅投身轰轰烈烈的政治革命事业，而且把革命理念引入中国有千年传统的史学，“新史学”由此诞生。

读万卷书行万里路

青年司马迁的漫游之路

> 西汉时期的司马迁是我国著名的史学家，
> 他写的《史记》一书开创了纪传体史书的先河，
> 他本人也因此被称为中国的“历史学之父”。

↑司马迁

司马迁，字子长。这位博学多才的史学家完成了中国历史上最为伟大的历史学著作《史记》，而他曾身陷囹圄，不幸的遭遇与后世无数史家的坎坷经历暗合。写史注定要承担想象不到的压力，自古如此。

青年时期的司马迁广读万卷书。随后，他在父亲司马谈的支持鼓励下，外出到全国各地游历，去熟悉地理，考察史迹，观察民俗及古代遗风，采集书本以外的珍贵资料。

经过这次游历及实地考察，司马迁不仅考证了许多历史文献及传闻的真实性，而且还搜集了许多新的历史资料。这次漫游对他思想的成熟及《史记》创作的成功，都有着极为深刻的影响。

漫漫长路——司马迁的游历路线

关于这次游历的路线，据司马迁自己讲，他二十岁的时候南游江淮流域。他到会稽探寻大禹去过的洞穴，也去过九嶷山。又浮船到沅水、湘水流域，向北去汶水、泗水流域，之后到齐国、鲁国的故都，观孔子之遗风，在邹、峄这两个地方参观乡射之礼，受困于鄱、薛、彭城，最后经

史学传统绵延不绝

秦始皇的火烧不绝史学的传统，
历史在司马迁的笔下成为神奇，
魏晋的乱世照耀出史学的灿烂，
唐宋史馆使史学成为国家的事业，
因为有了历史的记载，
中华民族的文明之火才能永燃。

孔子

他是一个影响东亚文化圈数千年的学派创始人。他是自古以来无数中国士人的精神领袖。他所创立的学派在士大夫心中的地位甚至神圣如宗教。他却又只是一个对学生循循善诱、谆谆教诲的老师，他也只是一个在纷繁乱世为拯救苍生、重建文化奔走呼号的善者。他对文化事业的不懈追求使中国传统得以延续千年。

司马迁

他是中国的“历史学之父”。他的身上承载了上古以来史官的职责和梦想。他有幸生活在中国历史上一个辉煌又发生巨变的时代，命运却又在他完成目标的道路上设置了重重障碍。他在羞愤和屈辱之中发愤完成了他的历史巨著，从此为中国历史学立下了光辉的学术典范。

以今地计算，司马迁的漫游跨越了陕西、湖北、湖南、江西、江苏、浙江、安徽、山东、河南9个省区，行程约3万里，历时约3年。

汨罗江边吊屈原

司马迁从京师长安出发，渡江后到了罗县（今湖南汨罗），访问了汨罗江边屈原自沉的地方。诗人屈原的悲剧故事，对他好像具有一种特别的吸引力。屈原的不幸遭遇，引起了司马迁的深刻同情。在江边，他想起了屈原的经历，不禁为之涕零。这在《史记·屈原贾生列传》中有所表露，在此传记的最后，司马迁自述道，读了《离骚》《天问》《招魂》《哀郢》，为屈原的志向感到悲哀。来到汨罗江，看屈原自沉的地方，忍不住落泪，想亲眼见他本人。看到贾谊哀悼他的文章，却又奇怪，以屈原的才能，周游诸侯列国，哪个国家不能去，却为何走向这一步？

↑**汨罗江**

位于湖南省东北部的汨罗江是湘江的重要支流，属洞庭湖水系。屈原第二次流放时来到这里。和第一次流放时不同，屈原这时已经完全绝望，因为楚国最终在一批佞臣的操纵下走向灭亡。在秦国攻下楚国郢都的时候，屈原投江自尽。

会稽山上探禹穴

九嶷山在湘江上游。据说帝舜南巡，死后就葬在这里。于是，司马迁考察了这座名山。汨罗江边吊屈原之后，司马迁又东浮大江，南登庐山，考察了禹疏九江的传说。随后他顺江东下，向东南到达会稽山。

会稽山位于浙江绍兴，传说中大禹曾在这里大会诸侯，因此命名为会稽山，而禹死后也葬在这里。山上有一个洞，传说大禹曾经进去住过，故称禹穴。司马迁登上会稽山，目的就是为了探禹穴，

→ **贾谊故居**

在《史记》中，贾谊和屈原同传，因为在司马迁眼里，他们都怀才不遇，有着相似的命运。贾谊故居位于长沙市太平街，始建于明宪宗年间，明清时曾经过数次重修。

← **九嶷山**

湖南九嶷山是古代三皇五帝中舜帝的葬所。《史记》里记载，舜"南巡狩，崩于苍梧之野，葬于江南九疑"，因此九嶷山也成为司马迁怀古发幽的重要场所。现在的九嶷山有后世建的舜帝陵。

这在《史记·夏本纪》《史记·太史公自序》中有所表述，在虞、夏时，各地的贡赋无不到这里。有的人说禹在江南大会诸侯，罗列诸侯的功绩，不久就去世，于是葬在这里，这里就命名为会稽，会稽是会计的意思。于是司马迁“上会稽，探禹穴”。

司马迁漫游路线图

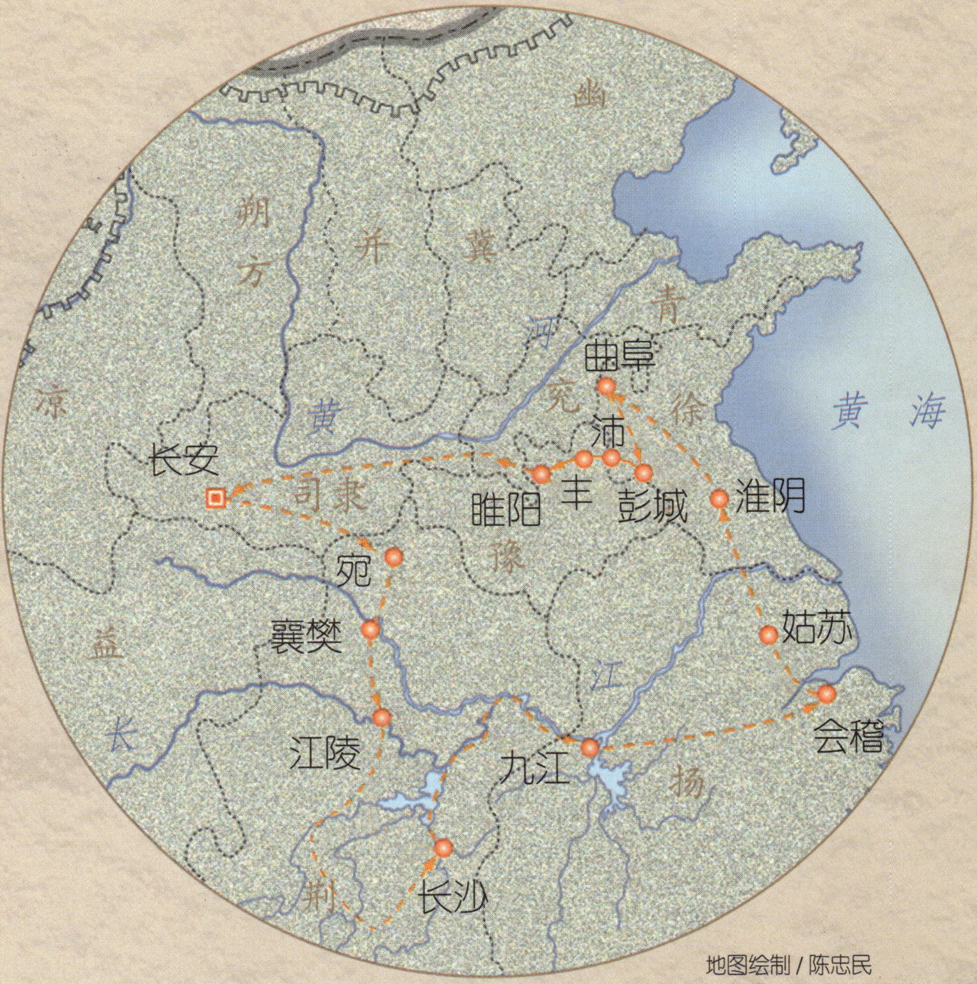

地图绘制 / 陈忠民

← **浙江绍兴禹穴**

为什么传说中的“禹穴”会有那么多处？它们都是真的吗？传说大禹为了治水曾经走遍当时的大山大河，在很多地方都留下了足迹，它们就是后世所说的“禹穴”。而浙江绍兴的禹穴是最著名的一处，据说大禹曾在这里大会南方诸侯。

↓**韩信**

韩信的事迹主要记载在《史记·淮阴侯列传》中。在司马迁的眼中，韩信是一位悲剧式的英雄人物。对于他的将才以及他最后被伏杀的结局，司马迁在笔墨中流露出了遗憾。

淮阴城中访韩信

游历了会稽山之后，司马迁到了苏州，眺望了太湖。继而到达吴国旧地，参观了春申君黄歇的故城及其规模庞大的宫室。此后，他渡江北上，到达淮阴。

淮阴是楚汉之际大名鼎鼎的韩信的故乡和封侯之地，其家乡父老对韩信非常崇敬。司马迁从淮阴的父老乡亲口中，听到了许多生动的逸闻趣事。韩信葬母的故事，大概就是从这里得来的。韩信的母亲死后，韩信无钱埋葬，就把母亲的坟冢安置在空阔的旷野上，以便将来在坟冢的旁边建造万户的城市。《史记·淮阴侯列传》中，司马迁说，来到淮阴，淮阴人对他说，韩信在平民时，志向就和其他人不同。他的母亲死后，家里贫困无钱安葬，他就把母亲安葬到一个高大宽敞的地方，旁边可以安置万家。看到他母亲的墓冢，的确是这样。韩信受胯下之辱的说法，可能也是从淮阴当地人的传说中得来的。《史记·淮阴侯列传》中记载，起初，淮阴有卖肉的少年侮辱韩信，并对韩信说："你要是不怕死的话，就用刀刺我；怕死的话，就从我的胯下钻过去。"韩信看了他很久，最终从他的胯下钻了过去。整个市场的人都嘲笑韩信，认为他是懦弱的人。后来，韩信被封为楚王，衣锦还乡，任命当初侮辱自己的那个人为楚中尉，并且告诉各位将士说："这个人是个壮士，他当年侮辱我时，我为什么不杀他？因为杀了他并没有什么道理，所以我就忍让了他，才能达到今天的地位。"

齐鲁怀孔子，彭城忆霸王

司马迁渡过淮水，到达鲁国的都城曲阜。他参观了孔子墓、孔子庙等，看到这里的人们仍然受孔子遗风的影响，不禁默默地体

← 邹城孟府仪门

邹地（今山东邹城）是司马迁继鲁国之后漫游的下一站，他来到这里是为了怀念孔子之后的儒家代表人物——孟子。邹在春秋战国时一直是一个小国，它在以鲁国为中心的文化区域之中，深受鲁文化的影响。在这种文化环境下成长的孟子，继承了孔子的衣钵，把儒家思想进一步发扬光大。

摄影 / colphoto

会当初孔子的事迹。之后他又去齐国的都城临淄，也是出于同样的目的。

随后的路线就非常明确了。司马迁从齐鲁故地南下，到了邹地、峄山、薛地，随即到达彭城。从彭城向西北，到达沛县，然后向西到丰县，经砀县到达睢阳。这条线路是秦末楚汉之争的主要场地。彭城是西楚霸王项羽的都城，也是兵家必争之地；沛县则是汉高祖刘邦和丞相曹参的家乡，刘邦属下很多人也都出自此地，如夏侯婴、周勃、周昌等，萧何出生于丰县。

从睢阳往西，就到了司马迁漫游的最后一站：大梁。过大梁向西，就是长安，司马迁的长途漫游到此结束。

↓曲阜孔庙大成殿

山东曲阜，是鲁国的都城，据说“三皇五帝”中有四人曾在曲阜留下了踪迹。司马迁怀着虔诚和敬意来到曲阜，在这里深切地感受了鲁国浓厚的礼仪文化。

摄影 / colphoto

萌芽和童年

上古时期的史学

> 十月怀胎，一朝分娩，史学也是如此艰辛。数万年的孕育，方生长出萌芽。

古代中国和古代埃及、古代巴比伦、古代印度并称为世界四大文明古国。它们都曾经在古代世界创造出璀璨绚丽的文化。但是只有中国保留了对于远古文明的最久远记忆。殷商的甲骨文、两周的金文，这些记录历史的文字展现了我们祖先的生活印记。中国史学也在这些远古的文字中开始了漫长的发展道路。

↓商代古城

借由文字的记录，人类得以探掘、印证过去历史的真实性。图为探掘中的商代古城。

远古传说

让我们把目光放回到一个久远的年代。那个时代，人们还是用结绳或者刻木的方法记录生活中的重要事情。那个时代，没有君王，也没有宫殿。人们为了抵抗洪水、猛兽以及更多不可知的自然灾害而形成了一个个以血缘为联结的团体。

在某个晴朗的晚上，浩瀚的夜空下，温暖的篝火燃烧着。人们围坐在氏族里最年长的老人旁边，听他讲述更早的时代发生的故事。传说的主要人物是氏族公社里的英雄。他们有的领导人民取得了对自然斗争的胜利，如女娲补天、神农尝百草、羿射九日、大禹治水、后稷种百谷。有的领导人民打败了敌对部落，如黄帝战蚩尤、克炎帝等。此外，有的是自己氏族的祖先，如商的始祖简狄吞玄鸟卵而生契，周的始祖姜嫄履大人迹而生后稷等。

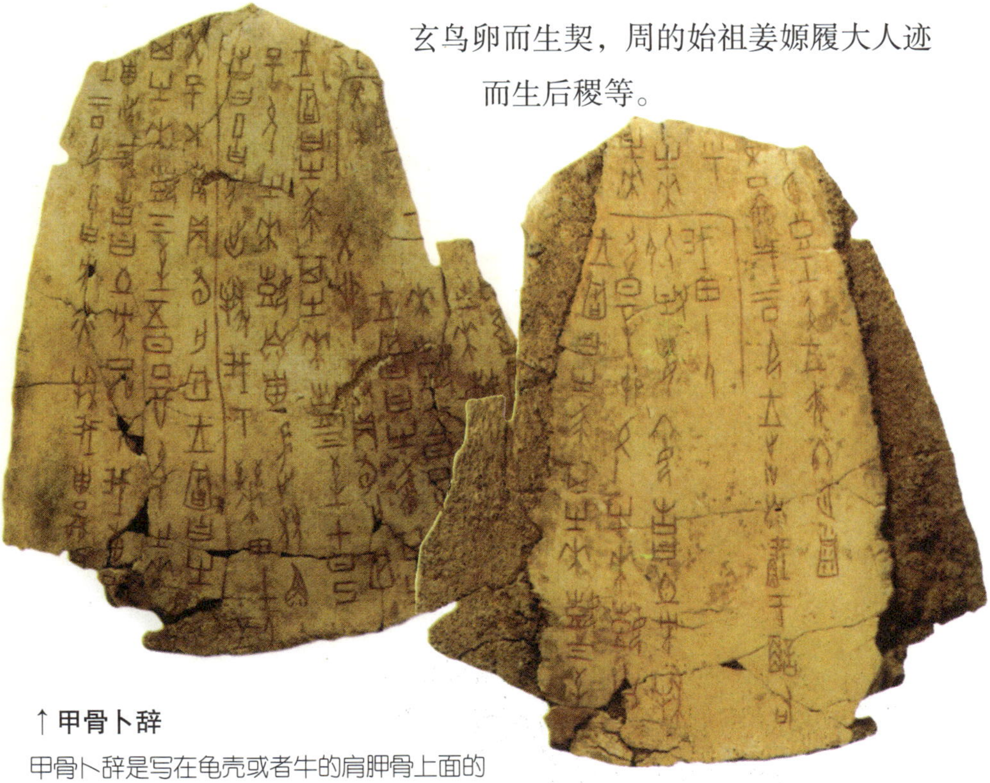

↑甲骨卜辞

甲骨卜辞是写在龟壳或者牛的肩胛骨上面的占卜记录。商代的人十分相信鬼神，但凡国家大事，从战争的吉凶到收成的丰欠，都需要向鬼神问卜。问卜的方式是把甲骨穿孔后在火上烤，根据甲骨迸裂的纹路占卜，再把结果记录在甲骨上。通过卜辞，我们得到了殷商时期大量的社会记录。

这些传说的故事就构成了我们所知的最早的历史。口耳相传的事迹，在文字发展比较成熟时被断续地记载下来。我们今天仍然能从先秦、汉初的典籍中窥其大略。尽管这些先秦、汉初古籍中保存的远古传说比较零碎，而且有很多后人加工的痕迹。

史官产生

在上古社会，由于人们无法战胜险恶的自然环境，因此不得不赋予自然界和人类祖先以神性，以求得神灵的保佑。人们在遇到重大事情时，常以祭祀、祈祷的方式来求助于神明，通过占卜的方式获得神明的解答，于是沟通神明、传达神意的巫祝便应运而生。

巫祝沟通神明、祈福除灾、保佑平安，是神灵的代表，被视为具有无所不能的超人力量，在民众中享有崇高的威望。他们几乎参与每一项重大的活动，影响着社会生活的各个领域。当时，宗教活动极为盛行，有时需要把一些重大的事情记录下来，巫祝作为当时的圣贤者和有知识的阶层，理应承担记事的责任。所以，他们开始收集萌芽于民间的文字，加工整理，用来记事。这样，专门处理文字的史官从巫祝中产生了。他们所记载的文字也就是后来的史籍。

中国最早的史官，见于文献记载的，黄帝时有仓颉、沮诵，夏初有史官孔甲，夏末有史官终古。至于殷代设置这种官吏，则已

← **西周墙盘**

陕西扶风庄白村出土的有铭文的器物中，以这件青铜器最为有名，器中刻有284字的铭文，是研究西周史的重要资料。

无争议，史官主要有史、作册、太史、内史、尹等名称。到了周朝，史官也逐渐有了明细的分工，有大史、小史、内史、外史、御史、女史等。需要注意的是，这些官职都是世袭的。

史学童年

从甲骨卜辞开始，一批文字记录逐渐产生和积累，主要有殷商的甲骨文、两周的金文、《尚书》、《逸周书》、《诗经》等。这些记载虽然具备了记事的时间、地点、人物、事件等基本要素，但它们之间各自独立、互不联系，虽然比远古传说前进了一步，但仍属于历史记载的萌芽，直到孔子修成《春秋》。

↑孔子

在政治理想最终得不到实现之后，孔子走向了文献的整理和编撰工作。《诗》《书》《礼》《乐》《春秋》都是孔子上课用的教材。在删定古籍的过程中，孔子寄托了自己的政治理想。

在孔子修《春秋》之前，周王朝及鲁、齐、晋、燕、楚、宋等主要诸侯国都有自己编修的国史。这些国史是根据史官的记载，采用编年体的形式写成的。孔子就是在鲁国史官所著国史《鲁春秋》的基础上编成《春秋》的。孔子希望通过记叙乱世之史，使乱臣贼子感到惧怕，以发挥史的教化作用。《春秋》通过遣词造句和比次史事，以达到对史事人物进行褒贬的目的，被称为“属辞比事”的“春秋笔法”。

←《尚书》

如果说中国人有造伪书的习惯，那么《尚书》就是最典型的代表。《尚书》是先秦时期的史料汇编，相传经过孔子的编撰，但有些篇反映的是战国和西汉初期的事，显然是后来儒家学者补充进去的。到了东晋时期，又有人伪造《尚书》古本进献给朝廷，直到清代才有学者考证清楚。

战国时代是中国文化发展的光辉灿烂时期，史学也是如此，战国时期出现了多种体裁的史书，流传至今的主要有《左传》《国语》《竹书纪年》《世本》《战国策》《周礼》《山海经》等。这一时期，不仅史著多、体裁广，而且历史观非常丰富，对当时及后世史学发展产生了重大影响。汉魏六朝的史学就奠基于此。

↓左丘明

《左传》的实际作者到底是谁，到现在还没有弄清楚。鲁国的盲眼史官左丘明只是众多猜测之一。左丘明这个名字在《论语》中出现过，孔子曾经向他请教问题，由此看来左丘明应该是一位年长于孔子的贤者，而这与《左传》的书写年代不符。关于《左传》作者的问题，至今仍是个谜。

↓《左传》

最初看《左传》的人看到它记载的史事都是春秋时期的，以为它和别的儒家著作一样，都是为经过孔子删定的鲁国史书《春秋》作传的。实际上，《左传》记载的史事比《春秋》更为翔实，它的史观也比《春秋》更为博大。

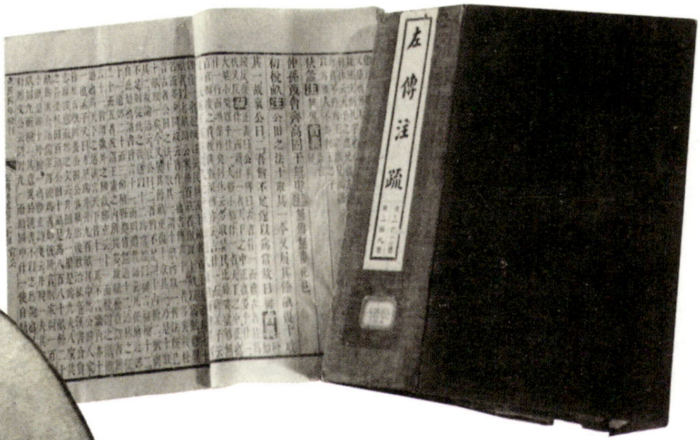

创立及发展

汉魏六朝史学

> 中国于各种学问中，惟史学为最发达；
> 史学在世界各国中，惟中国为最发达。
>
> ——梁启超

《隋书·经籍志》史部分为十三类，书籍数量总计874部，16558卷。而《汉书·艺文志》在六艺略和诸子略中附庸的先秦史籍仅34部，1384篇。先秦时期近两千年，汉魏六朝时期仅八百年，而史籍部数发展了约26倍，篇卷数发展了约12倍。汉魏六朝，是中国史学发展的青年时代。

↑**司马迁**

希罗多德在西方有“历史学之父”的称号。司马迁则堪称中国的“历史学之父”。中国在司马迁之前也有历史，但是中国在司马迁之后才有历史学。一部《史记》，为中国史学史开启了一个华丽而辉煌的时代。

秦汉初创

无论先秦的史学有了怎样的发展，它的成果几乎都被秦始皇破坏掉了。秦始皇统一天下，他要的不仅是政治上的统一，而且是思想上的整齐划一。而东方六国各自的历史记载是对这种整齐划一的最大威胁。秦始皇焚书坑儒，除了《诗》、《书》和诸子言论，六国的史书首当其冲。唯一合法留下来的只有秦国简陋的国史——《秦记》，司马迁据此写成了《史记·六国年表》。

汉朝承继秦朝的基业，并在这个基础上调整了政策。为了吸取秦朝灭亡的教训，以求得长治

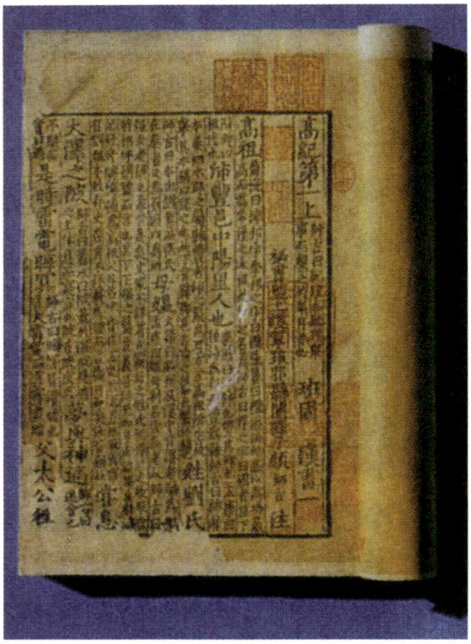

久安，汉高祖刘邦特别注意对历史进行总结。在陆贾“马上得天下而不可以马上治天下”道理的启发下，他命令陆贾：“试为我著秦所以失天下，吾所得天下者何，及古成败之因。”于是，陆贾“粗述存亡之征，凡著十二篇。每奏一篇，高帝未尝不称善，左右呼万岁，号其书曰《新语》”。此外，陆贾还写成《楚汉春秋》9卷，记录刘邦、项羽及汉初文帝之事，《史记》叙述楚汉时期的史实，就取材于此。

↑《汉书》

《汉书》是继《史记》之后又一部重要的史学名著。它是中国历史上第一部纪传体断代史的史书。班固所处的时代已经是儒家占据正统思想地位的时代，书中弥漫着浓厚的儒家思想，这与《史记》多样化而且富有英雄主义的历史视角不同。

→ 荆轲图像

司马迁喜欢描写悲剧式英雄的困兽之斗。荆轲出现于《史记·刺客列传》。在司马迁的笔下，一个反抗强暴、扶助弱小、为了侠义精神不惜牺牲自我的英雄形象跃然纸上。

到了汉武帝时期，汉朝实力大为增强，出现了大一统局面，文化上也由汉初无为而治转向“罢黜百家，独尊儒术”。但是，各家学说仍保持着相对的独立运动惯性，司马迁撰写《史记》就是在此阶段完成的。这部纪传体通史的出现，标志着中国史学的正式创立，而后班固写《汉书》，断代为史，更成为延续几千年正统史学的滥觞！

魏晋独立

到了魏晋南北朝，史学终于从经学中独立出来。由于史书种类和数量的增多，史书书目由传统的附于经书之后开始单设一部，并由第三部提到第二部，仅次于经部。史官制度也得到了完善，专门从事国史编撰的史官和机构出现。

魏晋南北朝在文化上最大的特点就是玄学思潮的兴盛，在这一思潮的笼罩下，史学当然会受到很大的影响，这也使得魏晋南北朝的史学有着自己的特色。玄学为史学提供了新的思维方式，这个时期的史学有了对历史兴衰和人生荣辱问题的思考，大大加重了史著中的史论部分。裴松之总结前代政治的兴衰根源，认为历史是不断进步的。范晔将历史上的人、事放在整个历史长河中把握，考察历史发展的规律。袁宏的《后汉纪》中有大量的史论，从自然、天理的角度阐述自己对历史的看法。

向往神仙隐逸生活的玄学思想还给史学内容带来了新的气息，当时的史书中增加了怪异神仙的内容，出现了《列异传》《搜神记》等志怪著作。崇尚清谈和品评人物的玄学使得史书中的人物传记部分大大增加，受玄学影响，他们重视人物的才情品性，刘劭的《人物志》是代表。另外门阀制度的兴盛，催生了谱牒学，对家谱、族谱的撰写一直延续到了后世。知识丰富的士大夫们对修史的兴趣和史学意识的增强也让私家修史达到了一个高潮。

在具体成就上，5部纪传体正史修成，分别是陈寿的《三国志》、范晔的《后汉书》、沈约的《宋书》、萧子显的《南齐书》和魏收的《魏书》，最著名的当属前两部。编年体史书也在这一时期获得了很大发展，在数量上远远超过纪传体正史，出现了两种体裁并行争先的局面。

以上特点及成就表明，史学在此时期正茁壮成长，一步一步迈向唐宋史学的顶峰。

← 万卷楼

万卷楼是位于四川南充的陈寿读书旧址纪念建筑。陈寿，《三国志》的作者，曾经仕宦于蜀汉，在蜀汉灭国后归于西晋，从此仕宦于西晋。由于晋号称传承曹魏的正朔，陈寿在撰写《三国志》时只能以曹魏为正统，但是笔下充满了对蜀汉的同情以及情感上的归属之心。

《三国志》与《后汉书》

陈寿，字承祚，西晋巴西安汉（今四川南充）人，他在前人著作的基础上，相继撰成《蜀书》《魏书》《吴书》共65卷，死后《三国志》才被献给朝廷。

《三国志》记事上起黄巾大起义，下至晋灭吴，共60年史事。以魏为正统，篇幅最多，此书素以简洁著称，时人评陈寿“善叙事，有良史之才”，可见其历史文学成就之高。也因为此书简洁，材料太少，南朝人裴松之为它补充史实材料，写成《三国志注》，其字数竟同原书相差无几，后来流传时也同原书一起刻印。

南朝宋人范晔的《后汉书》同《史记》《汉书》《三国志》合称“前四史”，它的成书时间比《三国志》还要晚。《后汉书》写成之前，共有近20家后汉史著。范晔的书一问世，人们争相传颂，其他各家后汉史著逐渐被淘汰，最后仅剩此一家，可见其书质量之高。

↑《三国志》写本残卷

《三国志》是一部纪传体国别史，按照《魏志》《蜀志》《吴志》的编排顺序撰写。图为《三国志》的写本残卷，主要保留在敦煌石室的文书之中。

繁荣与顶峰

唐宋史学

> 魏晋南北朝被称为中国历史上的乱世，
> 却是酝酿着成熟的文化果实的时期。
> 经过长久的酝酿，
> 中国史学在唐宋时期迎来了发展的顶峰和高潮。

如同唐宋的其他文化支系一样，史学在这个时期也发展到了鼎盛。隋唐是中国史学的转折期，国家建立专门的修史机构，使大规模的修史成为可能，统治者也通过这样的方式加强了对修史的控制。新的体裁的出现，史学批评的深入，使历史意识在宋代得到了前所未有的深入。

隋唐史馆制度的确立

一个统一国家的出现对于史学的发展是一种幸运也是一种不幸。

隋朝建立后，结束了过去数百年分裂割据的状况，开创了全国再统一的新局面。一个统一皇

←唐太宗

“贞观之治”之所以取得这样的成就，与唐太宗“以史为鉴”有很大关系。贞观时期的君臣论道中，历史上各朝各代的兴衰往事是重要的谈话内容。此外，唐太宗十分重视史著的编撰，他改组了修史的专门机构——史馆，并命令当朝宰相承担主持修史的重任。由此，中国的修史传统正式成为制度。

→《隋书》

《隋书》是现存最早的隋史专著，参与编修《隋书》的都是饱学之士，具有很高的修史水平，因此《隋书》成为“二十四史”中修史水平较高的史籍之一。《隋书》中不得不提的是它的“志”。《隋书》诸志内容涵盖梁、陈、北齐、北周和隋五朝，实际上是对晋以来各项典章制度的总结。

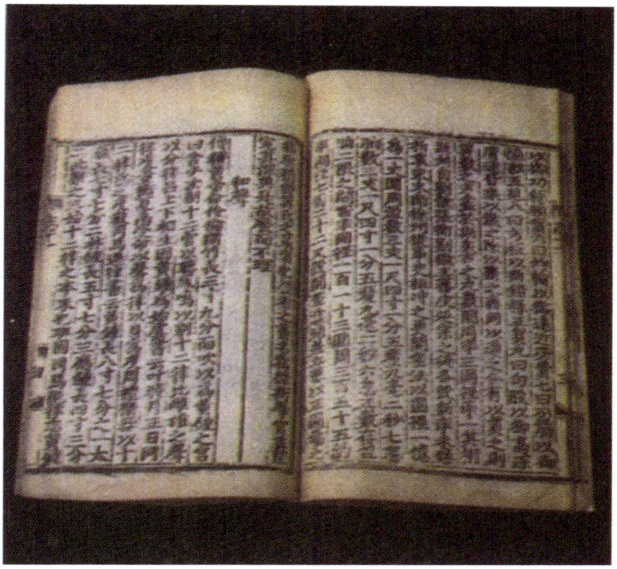

朝可以做的事情有很多。它既可以以一个国家的力量组织大批人马来修撰前朝的史书，也可以对民间修史实施严格的限制和控制。在隋朝建立之初隋炀帝就想到了这一点。隋文帝为了加强中央集权的统治，在史学方面加强了控制，禁绝私修国史。开皇十三年（593年），隋文帝曾下诏：“人间有撰集国史者，皆令禁绝。”这项措施，从客观上扼杀了私家修史的积极性，再加上隋朝统治时间较短，应该由隋朝完成的南北朝正史的修撰，直到唐朝才最终完成。

到了唐代，经济繁荣，中外交往频繁，文化发达，这些都为这一时期的史学发展提供了有利条件。唐朝建立后，开国君主李渊和唐太宗李世民都高度重视史学的功用。“三鉴”说影响千古，即“以铜为镜，可以正衣冠；以古为镜，可以知兴替；以人为镜，可以明得失”。武德五年（622年），唐高祖李渊采纳了令狐德棻的建议，曾集中了一批文臣编修魏、周、齐、梁、陈、隋六朝国史，但由于各方面的条件尚不成熟，加之最高统治者对官修史书领导不力，采取的措施不具体，导致此次修史半途而废。

↑**魏徵**

魏徵除了作为“贞观之治”的功臣载入史册，他在中国史学史上也有重要的地位。时任宰相的魏徵奉命主持编修《隋书》《周书》《梁书》《陈书》《齐书》。其中《隋书》的序论，《梁书》、《陈书》和《齐书》的总论都是魏徵所撰。

唐太宗鉴于这次教训，决定改组史馆，建立必要的修史制度。贞观三年（629年），唐太宗决定把史馆移到皇帝直接控制之下的门下省，修史一事，统由宰相任监修，负责领导，又别调其他朝官兼任修撰、司直，号曰史官。另外设置楷书手、典书、亭长、掌固、装潢直、熟纸匠若干人，各司其职。唐朝这种设馆修史、宰相监修国史的制度，是中国中世纪官方史书编纂工作上的一个重大变革。从此以后，历代统治者纷纷通过这种方式，掌握对历史的评判权与话语权。

这一时期史学的主要成就表现在：建立了专门的修史机构——史馆，完善了史官制度，官修了一批正史；出现了中国第一部史学评论著作——刘知几的《史通》；诞生了成熟的典制体史书——杜佑的《通典》，扩大了历史撰述的领域。

“初唐八史”与《史通》《通典》

贞观三年设馆修史制度确立后，为了修撰五代史，唐太宗下令在中书省设置秘书内省，并组织了一批名流学者修史，如姚思廉修《梁书》《陈书》，李百药修《北齐书》，令狐德棻修《周书》，魏徵、颜师古、孔颖达撰《隋书》；由魏徵“总加撰定”“详加损益”，令狐德棻“总知类”，主管体制、义例等问题，以求整齐划一。贞观十年（636年）正月，五史修成。

《梁书》《陈书》《北齐书》《周书》《隋书》修成后，均没有“志”，这对纪传体史书而言，是一个非常大的缺陷。后来，重新补充30卷《五代史志》，编入《隋书》之后，这就是后人评价甚高的“隋志”。

这五种史书修成之后，贞观十八年（644年），史馆开始编写《晋书》，唐太宗亲自撰写了四篇纪传的“论”，故旧本题“唐太宗文皇帝御撰”。《晋书》连皇帝都参加了编撰，而剩下的两本史书《南史》《北史》却全部出自一人之手，他就是李延寿。他在南

↑《北齐书》

《北齐书》共50卷，其中本纪8卷，列传42卷，由唐代李百药撰写。此书以记载北齐历史为主，但实际上记述了从高欢起兵到北齐灭亡前后约80年的历史，集中反映了东魏、北齐王朝的盛衰兴亡。

北朝八部史书的基础上，采用纪传体通史的体例，加以删削、补充、整理和重新编排，使之连成一体。这样，《南史》《北史》在某种程度上胜过了原有各史，获得后人好评。

从最初的远古传说到中唐时期，史学已经逐渐走向成熟，这就需要对前一阶段的史学发展作一总结。刘知几撰写了第一部史学理论专著《史通》，完成了这一任务。而后，其子刘秩著成《政典》，记载历代政治制度。随后的杜佑在《政典》的基础上编成了中国第一部叙述历代典章制度通史。《史通》《通典》的发凡起例之功，影响深远，这在后面的“史家与史著”栏目中有专篇介绍。

兴旺发达的宋朝史学

转眼到了宋代，中国史学在这个时期发展到了顶峰。

中国古代的历史学家，历来有一种忧患意识。历史学家认为，

↓《资治通鉴》

《资治通鉴》在中国史学史上的地位极其重要。它的严谨、客观、关注面之大、脉络之通顺是中国史学著作中少有的。它是了解五代以前历史的必读书。

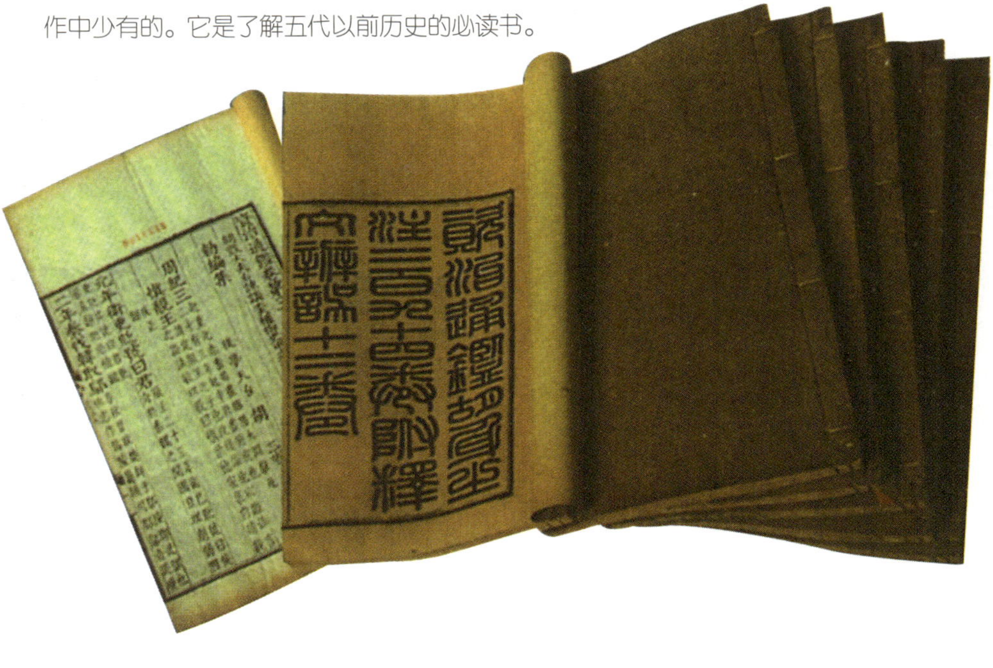

他们所记载的既然是朝代、国家的兴亡盛衰、社会的治乱、人民的悲苦，那么他们就是这些问题理所当然的关注者。也就是古代的历史学家，自主地承担着一个社会公共知识分子的作用。孔子修《春秋》是基于一种对乱世的忧患意识，司马迁作《史记》是基于对西汉盛世下隐藏矛盾的忧患意识。北宋立国，积贫积弱，南宋偏安一隅，甚至一度沦为金国的臣子，这种忧患意识更深深地烙印在宋代史家的著述中。从司马光《资治通鉴》中的“臣光曰”，到范祖禹的《唐鉴》，都透着史家对社会和历史的深刻思考。

↑司马光

司马光，北宋史学家和政治家，字君实，陕州夏县（今山西夏县）人。自幼嗜爱史学，喜欢读《左氏春秋》。《资治通鉴》是他的代表性史著，由他主持编修，其中《资治通鉴》的先秦和秦汉部分以及每卷书后面的史赞都是由他完成的。

宋代在史学体裁上也有所发展与创新。史学体裁的发展首先是中国古代最伟大的编年体通史——《资治通鉴》的诞生。北宋司马光主编的《资治通鉴》改变了长期以来纪传体独霸史坛的局面。当时及后世学者的注、考、续、仿之作不断涌现，从而形成了一种专门的“通鉴学”。

南宋史学家袁枢苦于《资治通鉴》过于浩繁，为了区别其事而贯通之，编成《通鉴纪事本末》一书，并由此创立了新的史学体裁——纪事本末体。《通鉴纪事本末》问世后，后世续、仿之书很多，逐渐形成一个纪事本末史书体系。该史体也因此与纪传体、编年体并称为中国传统史学的三大体裁。

南宋理学家兼史学家朱熹也以司马光《资治通鉴》为蓝本，略更其体例而著《资治通鉴纲目》一书，创立了中国史学史上又一种新的史体——纲目体。这一史体的“纲”是根据时间顺序写出的史事提纲，具有标题作用。“目”是对“纲”的具体叙述，以分注形式小字书写。纲目体是一种通俗而简化的史体，尤其便于初学者学习历史。朱熹《资治通鉴纲目》书成之后，后世续仿之书很多，也形成一个系列，对历史知识的普及起到了积极作用。

此外，南宋郑樵撰写了《通志》一书，是继《史记》《南史》《北史》之后又一部纪传体通史。《通志》的杰出贡献在“二十略”上。“二十略”不是对过去正史书志的简单抄录，而是推陈出新，使正史的书志第一次达到了20个门类，从而大大扩展了史学研究和记载的范围。

宋朝史家多为疑古派，他们著书立说，疑而辨之，问难不已。

《皇极经世书》

两宋理学对史学思想有很大的影响，以史说理蔚然成风。在对历史认识的发展上，理学家认为天理支配自然与社会的盛衰运行，他们以天理的运行情况划分历史阶段，把中国历史分为先王、后王，先王之世以道治天下，后世以法把持天下。在历史盛衰方面，只有顺理而治天下才能兴盛，逆理而动则国家衰败。

邵雍的《皇极经世书》就是以史说理的代表著作，对宋代史学有很大的影响。它以贯通天人古今的角度对历史的兴衰进行了思考。《皇极经世书》的体裁别具一格，年表、记事系年与史论三者成为一个整体，纪年方法则别创元、会、运、世的体系，并与日、月、星、辰相应。

↑李清照与赵明诚

赵明诚和李清照夫妻是中国历史上一对著名的文化佳偶。李清照是著名的词人，赵明诚的名气不如其夫人响亮，但在史学史上却有着更高的地位。金石学是从宋朝开始兴起的一门学术，赵明诚的《金石录》是金石学的重要著作。

宋人疑古考辨之风无疑对清代考据学产生了重要影响。清人从中得到了启迪，接过了尚未深入下去的课题，借用了已创立的一些考据途径和方法，从而使考据学得以发扬光大。此外，宋朝新开辟了金石学的研究，它使中国古代历史文献学的研究范围扩展到了古器物和碑刻等领域。

在方志学方面，宋朝特别重视方志的编纂。宋太祖、太宗、真宗、仁宗、神宗、徽宗、宁宗等时期，都曾颁发过关于编纂或征集方志的诏书谕旨。特别是宋徽宗赵佶，在朝廷设置了专门的中央修志机构——九域图志局，主管全国的修志事宜。这是中国最早由中央政权设立的专门修志机构。在宋朝统治的300多年中，出现了空前的修志盛况，从西汉到唐末1000多年的时间里，中国各地编撰的地方志总计不足400种，而宋朝一代，就编修志书1000多种。这远远超过了前人，对后世的影响也非常深远。

↓《金石录》

金石学堪称“中国的考古学”。最初兴起于宋朝，宋人赵明诚的《金石录》一书，著录其所见从上古三代至隋唐五代以来钟鼎彝器的铭文款识和碑铭墓志等石刻文字，是中国最早的金石目录和研究专著之一。

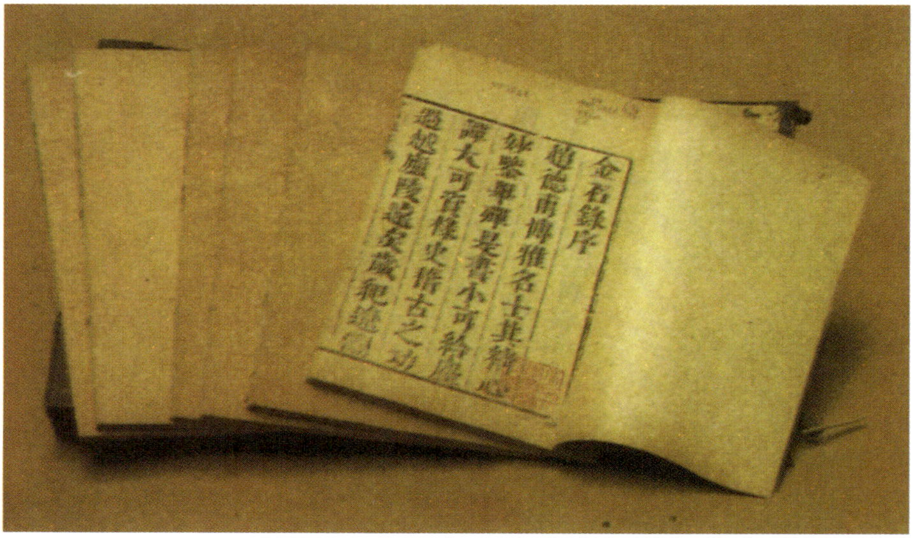

走向社会深层

元明史学

蒙古人对中国制度和文化的影响是深远的。
其建立的王朝仍遵循着中原王朝的传统编修着史书，
民间的士大夫也在进行着自己的努力。

自唐代以来史馆垄断了前朝史书的编撰，官修史书就成了一个王朝的传统。它的一个难以克服的后果就是所修出来的史书每况愈下，《元史》就是其代表。与此同时，散落在民间的士大夫面对外族入侵和改朝换代，对于国家、民族、社会有了更深的思考，史学正在走向社会深层。

↑《元史》

《元史》是系统记载元朝兴亡过程的一部纪传体史书。洪武元年（1368年），明太祖朱元璋下令编修《元史》。

元朝官修与私修史书

元朝作为第一个北方民族建立的统一政权，在史观上也有了异于前朝的变化。在官修史书上，在编纂辽、金、宋三史时，元丞相脱脱摒弃了以宋为正统的观念，确定了“三国各与正统，各系其年号”的原则，结束了从元世祖即位之初，一直到元顺帝至正三年（1343年）80余年关于“正统”问题的争论，正式开始修史，至正四年三月完成《辽史》，十一月完成《金史》，隔一年完成《宋史》。三史共747卷，仅用了两年多的时间，速度之快，前所未有。三史对各民族的记载在正史的

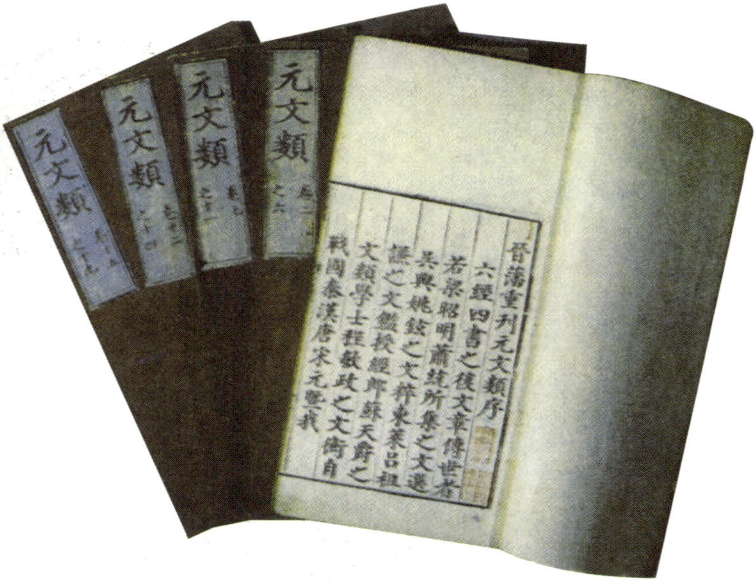

← 明刻本《元文类》

《元文类》是元朝诗文选集，本名《国朝文类》，由元代苏天爵编撰，共70卷。苏天爵曾三次进入元朝史馆工作，参与了元武宗、元文宗实录的编修。他在编辑《元文类》时也多着眼于有时代影响的政治大事。因此该书成为研究元代历史的重要文献资料。

编撰中具有特殊的意义。同时，对少数民族历史的记载也为后世多民族历史的编撰留下了宝贵的资料。此外，元朝廷在适应汉化的过程中，以前朝典制体著作为样板，组织修撰了《元典章》《经世大典》《大元通制》三种典制体史书，为后人研究元朝制度提供了方便。

元代是我国历史上第二次民族大融合时期，民族关系深刻地影响着元代史学思想中的民族观念。“故国观念”和《资治通鉴纲目》中的“夷夏之辨”观念深深影响着元代的私修史学。元代民族歧视和民族压迫的政策反映在史学领域中就是史学家反对民族奴役，要求民族平等。对于元代民族政策的抵触情绪使元代士大夫对《资治通鉴纲目》的注释和阐发达到了一个高潮，他们借朱熹的“正统论”和“夷夏之辨”表达对异族统治的不满。胡三省在《资治通鉴音注》的史论中表达了自己的民族意识。但是随着统治者对儒家思想的逐渐重视和接受，史学家也逐渐能以务实的态度看待各民族的历史地位和多民族统一国家的历史意义，主张“行中国之道则中国之主”，“天下一家”的历史观成为主流。

贫瘠的明朝史学

明太祖朱元璋建立的明朝，是中国历史上专制皇权最强化的时代。在这种环境下，明朝史学日趋衰落，官修史书畸形发展，私人修史停滞不前。直到明中后期，这种局面才有所改变，私人修史增多，学术思想逐渐活跃。

由于明朝修史机构不健全，朝廷只重视史学的垂训，而忽视了其本身的发展。当时的官修史书主要有《元史》《明实录》《明会典》《永乐大典》。《元史》共210卷，由宋濂领修，经过两次修订而成，历时仅331天，成书仓促，错误甚多。由于明朝不修国史，以实录代替，所以十三部《明实录》是研究明朝历史的基本资料。《明会典》是记载明朝典章制

↑宋濂

宋濂，字景濂，号潜溪，浙江浦江（今浙江义乌）人，明初文学家、史学家。洪武二年（1369年），奉命修撰《元史》。

《永乐大典》

明代官修类书《永乐大典》是明成祖朱棣命解缙、胡广、胡俨等人编写的。由于明成祖的高度重视，朝廷四方收集古籍，最终于永乐五年（1407年）定稿时，共收古籍七八千种，经、史、子、集、天文、戏剧、农工技术、宗教等无所不包。全书共有22937卷，分为11095册，约三亿七千万字。这部卷帙浩繁的著作为我们保存了珍贵的史料，在辑录古籍时往往一字不改，全文抄录，极具文献价值。可惜的是《永乐大典》不断地散佚，到今天，经海内外多方收集，已找到残存于世界各地的800余卷。

度的重要史籍，而《永乐大典》则是中国历史上抄录整理的最大的一部类书。在私人修史方面，无论是前代史还是本朝史，都非常落后，仅仅停留在当代历史资料的编辑阶段。

这种局面到明朝嘉靖年间终于有所改变。当时社会危机严重，加之皇帝不理政事，知识分子纷纷站出，以修撰史书的形式倡言“经世致用”之学。于是这时期产生了数百部史书及一大批史学家。以王世贞为例，他身为文学上“后七子”的领袖，在文坛上享有很高声誉。在史学上，他一生最大的心愿是编成一部明朝信史，但未能如愿，仅留下《弇山堂别集》100卷。此外，他提倡的“六经皆史”说影响深远，为后世史学大家章学诚所继承。

李贽是晚明学者中的怪才。他的性格桀骜不驯，他的思想也在当时的学界独树一帜。他的两部历史评论著作《藏书》《续藏书》载录了战国至明神宗之前的历史人物1200名，对他们进行了分类定品，并通过对他们的评论表达了自己的思想。

谈迁历经26年修成了明朝国史《国榷》，后来竟被小偷偷走。他发愤重写，经过4年努力，终于完成了这部明朝史著中篇幅最大的浩繁史书，保存了明朝大量史料，具有重要价值。

← 李贽

李贽，字宏甫，号卓吾，又号温陵居士，福建泉州人，明末思想家和史学家。由于其叛逆的思想而不断受到排挤。万历三十年（1602年），明神宗以“敢倡乱道，惑世诬民”的罪名在逮捕李贽，并焚毁他的著作。李贽在狱中以剃刀自刎。

总结中的嬗变

清朝中前期的史学

痛恨明末学术的空疏，
有感于史学应该起到的“经世致用”的功能，
清初的历史学家要开辟一个不同的史学时代。

清代是中国君主专制社会的最后一个朝代，当时的中国全面走向衰落，新的社会因素开始滋生，新的思想也随之产生。中国传统史学经过两千多年的发展，自身已有着丰厚的积累。清代的史学就是在对前代的总结和新的嬗变中度过的。

↓顾炎武

顾炎武，原名绛，字忠清，明亡后改名炎武，学者尊其为亭林先生，江苏昆山人，明末清初著名的思想家、史学家、语言学家。

“清初三先生”与清朝前期官修史书

明朝中叶以后，社会发生了较大的变化，江南地区商品经济日益繁荣，人们对明朝自命甚高的空谈学风逐渐憎恨。随着西方传教士来华输入新的知识，知识分子的视野也开阔了。针对宋明理学空谈学风的流弊，清初学者开始求真务实。明清之际的顾炎武首举“经世致用”的大

旗，主张鉴往训今以体现史学的价值，开辟了新学风。与顾炎武一起的还有黄宗羲和王夫之，他们并称为“清初三先生”。三位学者对宋明理学的批判使清代史学与明代史学逐渐分道扬镳，走上了截然不同的道路。

顾炎武、黄宗羲、王夫之三人早年都参加了抗清斗争，失败后拒不与清朝廷合作，把全部精力转到史学上来。他们三人都提倡经世致用的史学，在清初形成了以顾炎武为代表的浙西学派、以黄宗羲为代表的浙东学派和以王夫之为代表的湘西学派。顾炎武治学经史并重，留下了《日知录》《天下郡国利病书》《肇域志》等著作；黄宗羲则注重当代史，拟写《明史》未成，清修《明史》邀请他参编，他又拒不应诏，最终同意其弟子万斯同以平民身份参加编

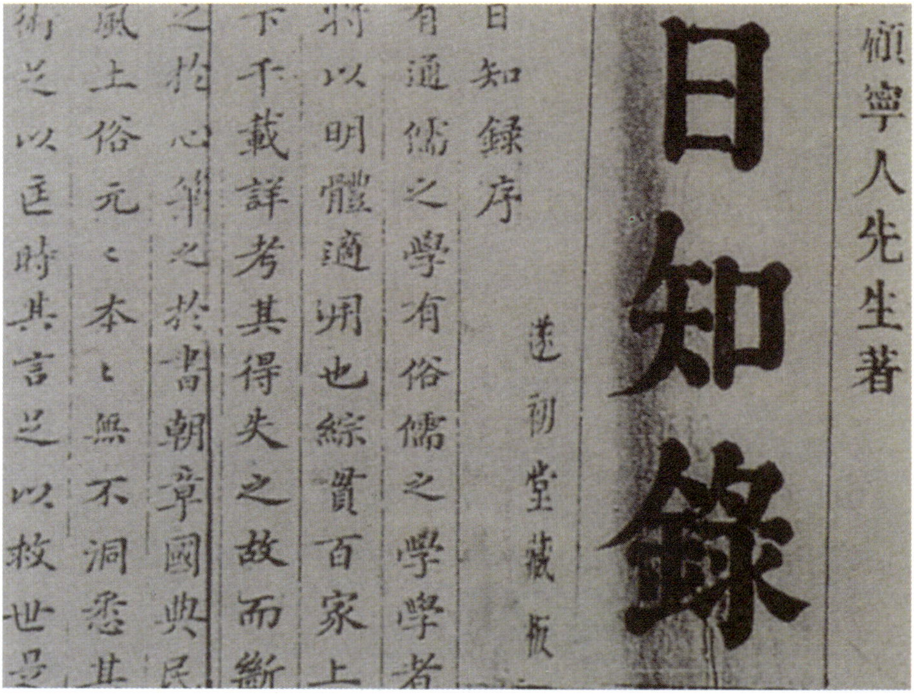

↑《日知录》

《日知录》是顾炎武考据学的代表著作。书名取于《论语·子张》。子夏曰：“日知其所亡，月无忘其所能，可谓好学也已矣。”《日知录》共32卷，包括对经义、史学、官方、吏治、财赋、典礼、舆地、艺文等各方面的考据。

撰，而实际上许多重大问题都是由他确定的；王夫之后半生绝迹人间，隐居于湘西石船山，著有《读通鉴论》《宋论》等，对历史进行了独特的评论，堪称史论大家。

在清朝官修史书方面，耗时95年编成的《明史》是“二十四史”中质量较好的一部。它搜集的材料比较详备，并能考证事实真伪，在编纂体例上也有所创新，但对满族的历史及南明史语焉不详，间有一些错误。清朝还继承了前朝的传统，继续编撰实录，除宣统外，各朝都有实录，史料价值甚高。在典制体史书方面，清朝官修了《续通典》《续通志》《续文献通考》《清朝通典》《清朝通志》《清朝文献通考》，合称“六通”。在工

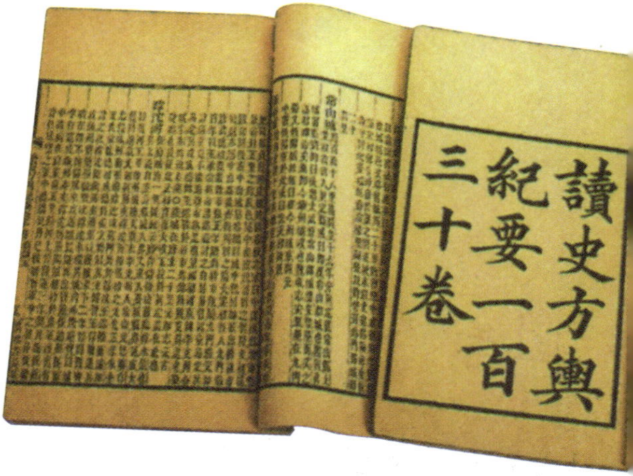

↑《读史方舆纪要》

顾祖禹自顺治十六年（1659年）开始编纂该书，历时约30年成稿。原名《二十一史方舆纪要》，全书共130卷，参考“二十一史”、历代总志及部分地方志书百余种，集明代以前历史地理学之大成。

→ 史学家万斯同

万斯同，清初史学家，“清初三先生”之一的黄宗羲的弟子。清朝初年，统治者为了笼络人心和树立正统，下令编修《明史》。作为明朝遗老的黄宗羲自然认为这是自己责无旁贷的任务，但是又不能直接出面为清人工作，于是派弟子万斯同承担责任。万斯同是《明史》的实际主编。

具书方面，康熙至雍正年间修成了中国现存规模最大、体例最完善、用处最广泛的类书——1万卷的《古今图书集成》，乾隆年间修成了现存最大的丛书——《四库全书》。这两套书，一方面保存了大量古代文化典籍，另一方面也因统治者的需要销毁了大量古代书籍。

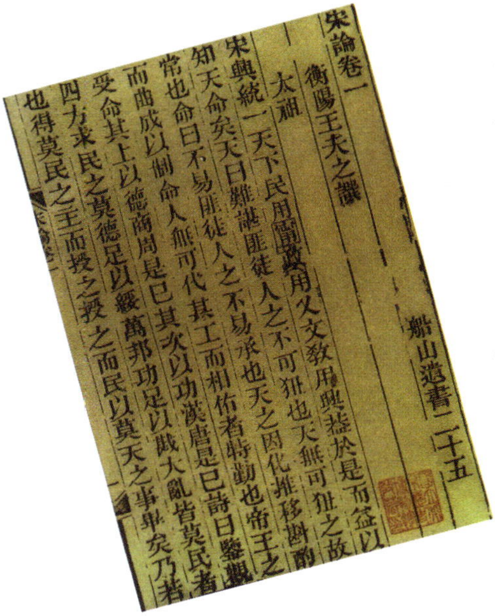
宋論卷一
衡陽王夫之譔
船山遺書 二十五
太祖
宋興統一天下民用寧政用乂文教用興蓋於是而益以
知天命矣天曰難諶匪徒人之不可狃也天無可狃之故
常也命曰不易匪徒人之不易承也天之因化推移斟酌
而曲成以制命人無可代其工而相佑者特勸也帝王之
受命其上以德商周是已其次以功漢唐是已詩曰鑒觀
四方求民之莫德足以綏萬邦功足以戡大亂皆莫民者
也得莫民之主而授之授之而民以莫天之事畢矣乃若

↑王夫之著《宋论》

“清初三先生”中，王夫之的思想是最为系统而透彻的。《张子正蒙注》《宋论》是他晚年的两部代表作。

乾嘉史学与史学中的变法思想

为逃避清初的文字狱，知识分子钻进故纸堆中，大搞古文献的整理、考据活动。乾隆时期《四库全书》的编修更推动了法古的倾向，考据之风压倒了宋明理学。从乾隆到嘉庆中叶的70余年中，注重文字训诂、辨识古音、考订名物的考据学达到极盛。考据学渗入到经史子集的文献整理和考订之中，并取得了很大成就，催生了校勘学、辑佚学等一系列新的门类，还出现了王鸣盛、钱大昕和赵翼“三大史学考据家”。乾嘉学者对“二十四史”中不完善的《晋书》《元史》《西魏书》都作了重新编撰，汪祖辉的《元史本正》、杭世骏的《三国志补注》、邵晋涵辑佚的《旧五代史考异》等都是考据之风为史学带来的成果。这种考证文献、注重史实的方法克服了宋明只重议论的风气，但矫枉过正，缺乏对历史盛衰的宏观把握，博古而不通今。直到章学诚的崛起，为“论史而弊于理”的乾嘉史学带来了一股新的风气。他在《文史通义》一书中以批判的眼光对古代历史理论作了系统的总结与概括，填补了考据派在历史理论上的空白。

清朝后期，中国历史和中国史学的反思酝酿了早期的变法观念，代表人物便是龚自珍。龚自珍生活在当时社会的转变时期，他慷慨评论天下大事，针砭时弊，开思想解放的一代新风。他提出治世、乱世、衰世的公羊三世说，要求社会改革，主张变法，为改革派提供了锐利的思想武器，并为后来的维新派所用，具有深远的政治意义。在经世致用的精神背景下，他精心研究边疆地理，开启了近代史学研究西北地理、蒙古史和国外史地的先河，为史学向近代的嬗变开了一代先风。

↓顾炎武墓地

江苏千灯镇是顾炎武出生的地方。现在的千灯镇为了纪念顾炎武，专门修建了顾炎武起居生活区、顾炎武祠堂、顾炎武墓和顾园。其中，顾炎武墓和顾园相连，形成了墓、祠、厅一体的园林布局。

阔步前行
向新史学迈进

> 犹如凤凰涅槃一样，
> 在对西方文明的挑战与应战中，
> 中国史学重获新生，阔步前行。

鸦片战争、甲午战争、八国联军侵华……近代以来的多次战争冲击的不仅是一个王朝，而且是整整几代中国知识分子的思想。“中国到底怎么了？”“中国在这个时代应该何去何从？”这些困扰无数能人志士的问题同样放在了史学上面。“新史学”只是概括了对这些问题反思和质疑的初步结果，对它的探究和回答却远远没有结束。

理论三大家

新史学不能忘记这三个人：梁启超、胡适、顾颉刚。

梁启超是新史学的开创者，他一生著述丰富，涉猎学术领域广泛。他在其史学著作《中国史叙论》《新史学》中，对传统正统史学进行了批判，直指其诟病，提出了“史界革命”的口号，同时提出了一系列主张，标志着新史学的开端。他提出要扩大史学研究的对象，历史学要“叙述人群进化之现象”“借助于其他科学研究

↓梁启超

梁启超在中国历史上主要是作为一位革命家而被人铭记。但他在思想和学术上的开拓作用显然更大，尤其是他对近代新史学具有奠基性的影响。

人群进化的公理公例”，而不能只是叙述“一姓之亡”。

梁启超之后，影响20世纪20～40年代史学界乃至整个学术界的人物是胡适。他自海外留学归来，“暴得大名”，提出“大胆地假设，小心地求证”的研究主张，指出需要用历史演进的方法研究历史，同时用近代逻辑的方法概括传统治史方法，纳入到实际研究中去。他的主张虽被后人不确切地评为“实用主义”，但在当时却产生了重大影响。

无论梁启超、胡适对传统史学有多少批评否定，他们的破坏力都远不及顾颉刚开创的“古史辨”派。顾颉刚的古史观以“层累地造成中国古史”为中心，继承了前代史家的疑古传统，认为传说中的古史并不可信，有些是根据后人需要加上去

小辞典

新史学

“新史学”是相对于传统史学而言的。在史学内容上，把以帝王将相为主的政治军事史学转移到所谓的“文化史”上来，包括经济、政治、宗教、文艺、民族、风俗等社会各个方面。在研究方法上，视野扩展到整个世界范围，广泛利用一切出土史料，引入各种学科的研究方法，并用新的有系统的形式表述出来。

→ 梁启超故居纪念馆

梁启超的前半生主要投身在革命事业上，之后才渐渐脱离政治活动，专心进行学术研究，在文、史、哲诸方面多有著述。图为后人在其故居设立的纪念馆及塑像。

的，“时代愈后，传说的古史期愈长”“时代愈后，传说的中心人物愈放愈大”“在这上面我们不知道某件事的真切状况，但可以知道那件事在传说中的最早的状况”。这样，他就把以前的古史体系推翻了。

新考证主义的实践

上述三人大多是在新史学理论上有所贡献，在具体实践中，王国维、陈寅恪、陈垣等创立了真正的新史学。

王国维早年沉迷西方哲学家叔本华等人的思想，后来由哲学入史学，他重视地下新材料，提出“二重证据法”，即以传世的文献材料与地下出土的考古材料相互印证，以研究古史。其所著的《殷卜辞中所见先公先王考》《殷卜辞中所见先公先王续考》即采用了地下发现与地上文献相互印证的二重证据法，使甲骨文的价值为世人公认，进而使甲骨学成为一门独立的学科。

陈寅恪是学贯中西的大家，与陈垣号称“南北二陈”。他们二人在具体考证上做出了突出的贡献。陈寅恪拓宽了史料范围，对私家著述甚至伪书，都能看出其价值。特别是援诗证史，以史释诗，诗史互证，更使他的史学达到了一种很高的境界，远非一般考据者所能企及。比如，他的《柳如是别传》，是以诗文系统考订一代史事的杰作，也是他一生治学方法的总结。

陈垣，籍贯广东，与出生于湖南的

← 王国维

王国维，字静安，号观堂，浙江海宁人。近代著名学者，古文字、古器物、古史地学家，诗人，文艺理论家，哲学家。他利用新出土的甲骨材料论证考察了殷商时代的历史，而且提出了著名的“二重证据法”。

→ 陈寅恪

陈寅恪，字鹤寿，江西修水人，清朝湖南巡抚陈宝箴之孙，诗人陈三立之子。在家庭环境的熏陶下，从小就能背诵十三经，广泛阅读经、史、哲学典籍。长大后在西洋、东洋多国留学，通晓多国语言。代表作有《隋唐制度渊源略论稿》《唐代政治史述论稿》。这是陈寅恪在助手的协助下著书。

陈寅恪相比，他似乎更应该是“南陈”。他自1926年起担任辅仁大学校长，直到1952年辅仁大学并入北京师范大学，随即担任合并后的北京师范大学校长，一直到1971年去世，在近半个世纪的时间里，他对中国教育发展做出了卓越贡献。在学术上，他治学既无师承又无家传，完全是“土法为本，洋法为鉴”，自己独自摸索的大师。其一生著述甚多，主要有《元典章校补释例》《二十四史朔闰表》《史讳举例》等，在元史、中西交通史、宗教史、文献学、目录学、敦煌学、考据学等领域都创获甚丰，广泛开拓了新史学的领域。

→ 殷墟

根据“二重证据法”，在研究历史时，除了文献材料，也要注重参考新出土的材料。实际上也就是要注重运用考古学的成果。王国维提出这种方法的前提就是商代后期都城殷墟中大量甲骨文的出土。

摄影 / colphoto

秦兵马俑二号坑

王国维提出的“二重证据法”就是主张研究古史除了注重文献资料，也要运用地下出土的相关材料来互为印证。秦朝地下皇陵的挖掘出土，无疑对秦朝历史的研究有着莫大的帮助。图为秦兵马俑二号坑的场景，此坑出土了许多弩兵、骑兵、车兵俑以及各式战车、武器，借着这些发现，学者专家得以还原当年秦朝军队的诸多状况。

纪传体正史的开创者
司马迁、班固

> “究天人之际，通古今之变，成一家之言”；
> 断代为史，包举一代，撰成一书；
> “班马”双雄，开创了一个新的史学时代……

“成一家之言”的《史记》和开断代史先河的《汉书》可谓中国史书的“双璧”。从魏晋时期，学者们就把他们的作者司马迁和班固放在一起比较。这两部相差约一百八十年的史书虽然有着诸多差异，但他们的作者无疑都是优秀的史家。

↓司马迁

司马迁的父亲是西汉的太史令司马谈，他为了让儿子继承他的事业，让司马迁从10岁开始就学习古文书传。20岁时，司马迁从京师长安南下漫游，考察风俗，采集资料。

遭受宫刑，“隐忍苟活”成巨著

元封元年（公元前110年），汉武帝泰山封禅，司马谈虽职任太史令，却因病不能从行，由此抑郁而死。临终前，他最不能放下的就是自己曾经立下的要完成一部通史的理想。他拉着司马迁的手，流着泪嘱托司马迁一定要秉承父志，写出一部通史。司马迁悲痛而坚定地应允，表示一定会完成父亲的遗愿。

司马迁为了完成父亲这个愿望几乎花了一生的时间。在他年少时，司马谈就把他送往当时的今文经大家董仲舒和古文经大家孔安国门下，学习《公羊春秋》《古文尚书》等，以兼取众家之长，不偏于一家之见。在司马迁成年之后，司马谈鼓励支持他从京师长安南下漫游。这次漫游让司马迁的足迹几乎遍及全国各地。通过漫游，司马迁开拓了胸襟和眼界，接触到各个阶层、各种人物的生活，并且搜集了许多历史人物的资料和传说。这一切，对他后来写作《史记》帮助极大。

司马谈死后，司马迁继任父职成为太史令，这使他有机会读遍皇家藏书及多种资料。

↑司马迁墓

司马迁的卒年和卒地都是一个谜。现在的司马迁墓是后人建的纪念墓，与司马迁祠坐落在一起。墓前石碑铭文为清乾隆年间陕西巡抚毕沅所题，上书“汉太史司马公墓”。

司马迁祠

司马迁祠坐落在陕西韩城芝川镇南奕坡旁的悬壁顶端。它的修建年代距今已有1700多年，现在的山门和寝宫是宋代建筑遗存，元明以来虽然几经重修，但仍保持着原有规模和古貌。

上天仿佛专门要考验所有怀抱伟大志向的人。就在司马迁撰写《史记》的时候，却因为“李陵之祸”遭到宫刑。不幸的遭遇使司马迁精神受到极大刺激，曾一度想自杀，但他想起了父亲的遗言，又以古人在逆境中发奋有为的事迹鼓励自己，终于以惊人的意志忍辱负重地活了下来，并最终完成了巨著《史记》。

对于这一本倾尽父子两代人心力完成的书，司马迁在《报任安书》中说，自己“所以隐忍苟活，函粪土之中而不辞者，恨私心有所不尽，鄙没世而文采不表于后也”。这些自述，是文是字，亦是血是泪。

↓司马迁故里的祖茔

司马迁在《史记·太史公自序》里说“迁生龙门，耕牧河山之阳”，生在龙门的哪个村庄则没有具体说明。这给历史留下了一个不大不小的谜。现在的陕西韩城嵬东镇高门村南有司马迁祖茔和碑楼。

李陵之祸

天汉二年（公元前99年），司马迁的同僚李陵率领五千士兵深入匈奴腹地，抵抗匈奴十余万大军。李陵率部连战十余日，杀敌一万多，终因粮尽兵乏投降。消息传到长安，汉武帝大怒。朝廷的文武百官，都大骂李陵投降可耻，唯独司马迁不作声。武帝问他有什么意见，他直言不讳："李陵转战千里，矢尽道穷，古代名将也不过如此。他虽投降，尚属情有可原。臣以为只要他不死，他还是会效忠汉朝的。"

盛怒中的汉武帝听了司马迁这番话，认为他是为李陵辩解，于是判他死罪。汉武帝时代，判了死罪的人可以出钱五十万减死一等。但家境并不富裕的司马迁拿不出这一笔钱，而此时他的各种亲戚朋友都唯恐避之不及，无人援助。司马迁为了完成父亲未竟的事业，只能受腐刑，即宫刑来减死。

← **汉武帝**

汉武帝毫无疑问是中国历史上最有影响力的皇帝之一。经过汉初的休养生息、"文景之治"，到武帝时西汉已经积累了足够的实力对外进行连续性、毁灭性的军事进攻，对内进行政治、经济、社会、文化无所不及的改革。司马迁是这一切的亲历者和记录人。

中国史学巨著——《史记》

司马迁的《史记》是中国史学史上第一部纪传体通史，并成为以后史学的圭臬。《史记》将本纪、表、书、世家、列传五种体例放在一起，开创了纪传体通史体裁。纪传体是中国古代史书的主要记载形式，它以人物传记为中心，但本纪、表、书、世家、列传五种体例互为经纬，实兼众体。本纪将政治大事主要系于能左右天下大局的代表人物，编年记事；表谱人物及重大史实；书记典章制度，具有专门史的性质；世家记载诸侯、勋贵及重要人物的大事，兼用编年、纪传的写法；列传主要是记人物生平。这五种体例虽然各有滥觞，但把它们综合在一起，互相配合，互相补充，又各有侧重，从而形成一种完备而严密的史体，却是司马迁的创造。此后历代纪传体史书的编纂，都是在《史记》体例所规定的范围内，稍作增删，无出其框架者。

《史记》有十二本纪、十表、八书、三十世家、七十列传，共130篇，52万多字。它既记录了人类社会的变化，又记录了自然界的变化。其记事上起传说中的黄帝，下迄汉武帝，约有3000年的历史。从空间上讲，东到大海，西至中亚，北逾大漠，南迄越南，把历史编纂的地理时空第一次扩大到时人所知的实际范围，可以说是中国第一部具有世界史性质的通史。其所记范围，博极天地，囊括古今，涵盖人类社会的各个方面，如政治、经济、文化、科技、交通、民族、宗教、民风，也记录了各个阶层的历史，如帝王、将相、官吏、学者、游侠、卜者、农工、商贾等。白寿彝认为《史记》第一次出现了“家”的概念。“成一家之言”的《史记》体现了司马迁“究天人之际，通古今之变，稽成败兴坏之理”的指导思想。司马迁将3000年的历史作为一个整体，从中把握兴衰之变，强调历史的使命。另外，司马迁强调人对历史发展所起的重要作用，《史记》中除“表”之外都是以人物为中心。同时，《史记》在历史文学上也取得了巨大的成就，使用当时的语言把纷繁复杂的史实叙述得脉络清晰而又生动准确，形成了朴素简练、通俗流畅的语言风格，读来既舒缓从容、庄谐有致，又富于变化。后人评其为“善序事理，辨而不华，质而不俚”，将其奉为“古文”的最高成就。

如《史记·项羽本纪》中，“秦始皇帝游会稽，渡浙江，梁与籍俱观。籍曰：‘彼可取而代也。’梁掩其口，曰：‘毋妄言，族矣！’梁以此奇籍……当是时，楚兵冠诸侯。诸侯军救钜鹿下者十余壁，莫敢纵兵。及楚击秦，诸将皆从壁上观。楚战士无不一以当十，楚兵呼声动天，诸侯军无不人人惴恐。于是已破秦军，项羽召见诸侯将，入辕门，无不膝行而前，莫敢仰视。”项羽的形象，跃然纸上，历来为人称颂。

↑《史记》

《史记》从传说中的黄帝开始，一直写到汉武帝元狩元年（公元前122年），叙述了我国三千年左右的历史。其中秦汉之后的记载最为详细，约占全书篇幅的五分之三。

私撰国史，却成正史滥觞

东汉永平五年（62年）的一天，熙熙攘攘的长安街头突然传出一个令人震惊的消息：班固因为私修国史被朝廷逮捕，书稿也被官府没收！班氏一家乱成一团，班固的弟弟班超也从外地星夜赶回京城，向皇上申述。

作为汉朝刘氏政权史，西汉史在东汉属于国史，极受重视，严禁私家任意撰写增删，朝廷的这种做法无可厚非。然而过了不久，又传来一个消息：班固不仅撰史无罪，而且得到了皇上的赞许。这是怎么回事呢？

↑ **班超**

班氏一门对东汉和整个中国历史都有重大的影响。班超是班固的弟弟，他的才能主要体现在军事和外交上。班超出使西域，帮助西域诸国击退匈奴，使东汉恢复了对西域诸国的主权。

原来，汉明帝看到班超的申述后，仔细阅读了班固所著的国史，感到惊奇，非常欣赏他的才华，不仅释放了班固，还把他召到校书部，担任兰台令史。兰台是国家藏书的地方，从此班固有机会阅读国家藏书及资料，为《汉书》全书的撰成奠定了基础。

《汉书》共100篇，120卷，80多万字，分纪、传、志、表四个部分，记述了自汉高帝元年（公元前206年）到王莽地皇四年（23年）共230年的历史。它着重记述了汉武帝太初以后的史事，记载了西汉乃至以前各种制度的流变，涵盖了许多国内外民族史，又收录了众多文章辞赋，故以“博洽”著称。

班固最初不满意司马迁《史记》对汉初历史的撰写，故改变了《史记》的体例，改书为志，改列传为传，本纪又称为纪；同时改纪传体通史为断代史，成为断代纪传体。此后历代正史都采用了这种断代为史，分纪、传、志、表四个部分的修史方法，故班固的《汉书》可谓中国古代官修正史的滥觞。自此以后，历代正史即所谓“二十四史”的修撰从未间断，汇成一条文字记载的历史长河，堪称世界奇迹。

班固在《汉书》基本完成后，心中时刻准备着建功立业。到了汉和帝永元元年（89年），大将军窦宪出击匈奴，于是班固随军出发，参与军中谋议。汉军大破北匈奴，军中将领登上燕然山

← 班固

班固，字孟坚，扶风安陵（今陕西咸阳）人。他出身于汉代儒学世家，撰写《汉书》是受家学影响。其父班彪立志续写《史记》，在世时已完成《后传》60余篇，书未成而卒。《后传》成为班固书写《汉书》的重要材料。

（今蒙古国境内杭爱山脉），在远离边塞三千多里的地方，刻石纪功，其铭文便出自班固之手。

班固大漠从征后，成为窦宪幕府中人。永元四年（92年），窦氏家族被诛，班固也受牵连入狱，后被仇家洛阳令种兢下令拷打折磨，冤死狱中。而此时《汉书》尚有八表和《天文志》未完成，只好留待他人补充，不能不说是一大遗憾。

↑班昭续《汉书》

班昭是班固、班超之妹，嫁给曹世叔为妻。她博学多才，数次被召入皇宫，为皇后和嫔妃们讲学，号曰曹大家。班固写《汉书》未成就下狱而死，于是汉和帝命她续写未完成的八表。

编年体的创始与发展
孔子、司马光

自从人类产生，就有了历史；
有了历史之后，编年记事就开始了；
是用编年来记载历史？还是用纪传来保存历史？
这样的争辩一直没有休止……

孔子的《春秋》是编年体史书的雏形，虽然它还算不上严格意义上的史书，但是孔子在《春秋》里的史义与史法却影响了中国的传统史学。而司马光的《资治通鉴》是编年体史书的巅峰之作，由此而产生的通鉴学是史学的一个重要部分。

“厄而修书”

司马迁在《史记》中写道“仲尼厄而作《春秋》”，他是用人在逆境中的发奋有为激励自己。孔子修

← 孔子

对中国历史有重要影响的人物很多，而孔子无疑是对中国知识分子影响最大的人。儒学，实际上就是一种唯知识论的学说。在众多知识中，历史知识的吸收、积累又是最重要的。这就形成了中国知识分子和中国文化体系重视历史的传统。

《春秋》的时代是社会大变动的时代。孟子说："世衰道微，邪说暴行有作，臣弑其君者有之，子弑其父者有之，孔子惧，作《春秋》。"

↑**春秋**

《春秋》是一部十分难懂的史书。它以年月系事，对于一个事件的描述多则数百字，少则只有一个字，因此很难通过它对事件有清晰的了解。而在孔子删定之后，《春秋》又成为儒家的经典之一，不断涌现的神学化注解使《春秋》越来越失去它的史书面貌。

孔子15岁立志于学，到30岁时，已博学多才，后因鲁国内乱而奔齐。在他51岁时，任鲁国中都宰，一年后升为鲁国司空、大司寇。后对国君大失所望，遂弃官离鲁，周游列国。直到鲁哀公十一年（公元前484年），他从卫国回来，不再求仕，转而集中精力从事教育及文献整理工作，《春秋》应该是在这个时期修成的。

孔子的《春秋》采用鲁国纪年，以鲁国国史为记事中心，并参考其他各国国史，记载了周王朝和列国在这个时期的大事。它记载了鲁隐公元年（公元前722年）到鲁哀公十四年（公元前481年）期间共242年的史事，主要内容是周王室和各个诸侯国的政治、军事活动，包括朝聘、会盟、战事以及一些自然现象，如日食、地震、水灾、旱灾、虫灾，也涉及民族关系、城筑、田赋等方面的史事，此外，还有许多政治人物的丧葬等。

《春秋》记事，严格按照年、月、日顺序逐条记载史事，而于每年之中又有春、夏、秋、冬四时的表述，即使其间无事可记，也要书写时间，以表示天时变化和人事的关系，即“以事系日，以日系月，以月系时，以时系年”。这种逐次编年的写作史书方法，被

↓ **孔子修《春秋》**

所谓“孔子成《春秋》而乱臣贼子惧”。《春秋》原来只是鲁国的编年史。为什么经过孔子删定之后的史书会有如此大的威慑作用，以致使“乱臣贼子惧”呢？因为孔子点出了春秋时期诸侯争霸、僭礼犯上的真相，却又在一言一语中寓寄了自己的褒贬。这就是我们后人所称的“微言大义”“春秋笔法”。以文字实录现实，以语言树立天下规范和秩序，孔子为后世的史学家们树立了典范。从此以后，历史学也成为历代知识分子华丽辉煌的殉道事业。

称为编年体。《春秋》被认为是编年体史书的创始。

盲眼史官

《春秋》不仅是孔子整理文献的成果，而且寄托了孔子的“微言大义”。对于“臣弑君”“子弑父”，以及其他孔子认为不合大道的行为，孔子都在《春秋》中以微妙的字眼表达了他的谴责。这样以隐讳的方式表达自己态度的手法被后世称为“春秋笔法”。于是，“孔子成《春秋》而乱臣贼子惧”。

对于战国到秦汉的学者尤其是儒家知识分子而言，《春秋》最重要的价值不在于它记录了历史，而在于孔子在其中寄托的“微言大义”。于是，从孔子以后，就有无数解释《春秋》的言说和著作出现，由于《春秋》和其他经过孔子整理编著的文献一样被称为“经”，这些解释《春秋》的著作也被称为“传”。流传到西汉时，最著名的就是《公羊传》《谷梁传》以及与它们不同风格的《左传》。

说《左传》是《春秋》的传，实在是冤枉了它。《左传》所叙述的年代和《春秋》有重合，上限与《春秋》同，下限至鲁哀公二十七年，比《春秋》下

↑竹简

甲骨是占卜之后卜辞的载体，而在现实生活中，最常用的文字载体还是竹简和木简。

推13年。最重要的是，《左传》的内容不是无止境地阐发隐藏在《春秋》晦涩词句中的“微言大义”，而是实实在在地记录了那一段历史。《左传》所记录的历史，或者集中记一件史事的本末原委，或者集中写一个人的活动经历。它华丽优美的文字表述呈现出春秋时期宏伟浩大的历史变动。各国之间、华夏族和华夏族以外各族之间既有军事上的冲突，又有政治上的交往和联系，经济、文化上的交流和影响。它的笔触深入到政治、经济、社会生活的各个层面，因此，我们看到的《左传》中的春秋时期就不仅是一个被人们称为“乱臣贼子”充斥的“世衰道微”的时代，而是一个多变转折的时代。

《左传》的作者是谁？这恐怕是一个千古谜题。相传为与孔子同时代的左丘明，孔子在《论语》中曾经提到过他，是孔子口中的“贤人”，孔子还曾向他请教过问题。也有人说《左传》的作者的确是左丘明，但不是《论语》中说的左丘明，而是一个盲眼的鲁国史官，他在记录鲁国大事的同时，利用宫廷中的文献资料另外撰文叙述了春秋两百多年间的历史大事。这个关于盲眼史官的传说赋予了《左传》许多传说色彩。此外，有人认为它的作者是孔子的学生子夏，也有人认为它的作者是吴起，甚至有人说它是西汉末刘歆的伪作。

十九载呕心沥血，《资治通鉴》达顶峰

《史记》《汉书》之后，一系列的纪传体史书相继撰成。隋唐五代，后世称之为正史的十几部史书都采用了这种体裁，影响非常大，以至于编年体史书的地位逐渐沦落。直到宋代，司马光《资治通鉴》的撰成，这种局面才有所改变。

司马光，字君实，陕州夏县（今山西夏县）人。他的家乡有一条小河叫涑水，所以他成名后又被称为“涑水先生”，不过他自己更

喜欢称自己为“迂叟”，意思是他忠诚老实到近乎“迂”的地步。

司马光先采用编年体的方法编成了《历年图》一书，实际上就是《资治通鉴》的基本雏形。之后他又用了两年时间，写成了一部从战国到秦末的史书《通志》。宋神宗认为《通志》这部书不但可以帮助统治者了解历代王朝的治乱兴衰，而且书中记载的历史，好像一面镜子，可以常常对照借鉴，因此，特赐名为《资治通鉴》，并亲自撰写了序文。“资治”是有助于统治的意思；“鉴”是指镜子，含有警戒和教训的意思。由于与王安石的政见相左，又得不到

↓司马光塑像

北宋熙宁三年（1070年），司马光在反对王安石变法的斗争中失败。之后，他一直居住在洛阳，并把所有的时间投入《资治通鉴》的编撰。

↑胡三省塑像

胡三省是宋元之际的历史学家，与文天祥、陆秀夫、谢枋得为同科进士。他潜心研究历史巨著《资治通鉴》，并耗费三十年岁月撰写了《资治通鉴音注》一书，是公认的对《资治通鉴》的最佳诠释者。

宋神宗的支持，于是司马光离开朝廷，隐居在洛阳的独乐园里，潜心编撰《资治通鉴》，从1065年到1084年，足足用了19个年头，耗尽多年精力，最终完成了这部历史巨著。

贯穿古今的《资治通鉴》记载了从战国时期周威烈王二十三年至后周世宗显德六年共1362年的历史，共294卷。书中司马光采用的史料十分广博，他曾说过“但稍与其事相涉者，即注上，过多不害”，据考订其引书不下330种。白寿彝曾说《资治通鉴》的指导思想是“资治”二字。面对博大的史料，司马光始终遵循着“资治”这种基本精神，他的目的是为了让一国之君能够在有限的时间里，从历史的兴衰中得到借鉴，作为治国的参考。他用“臣光曰”表达自己的观点。这些史论在一些学者眼中缺乏深度，如程颐评价为“格物之未精”，因此可以说《资治通鉴》的价值在于“史”，而不是“论”。

《资治通鉴》在编纂方面的一个特点是通过《资治通鉴考异》建立了优良的考史方法。司马光认为“实录、正史未必皆可据，杂史、小说未必皆无凭，在高鉴择之”。因此，司马光采集众家史料，对于同一件事的叙述，他虽然在《资治通鉴》本书中采取了一种他认为比较可信的说法，但是他也把其他史料中的叙述综合归入《资治通鉴考异》之中，并说明自己选择的原因。他所吸收的材料不仅有传统的文献资料，还有北宋刚刚兴起的金石学的研究成果。因此，后世学者虽然批评《资治通鉴》的史观是保守的，但是方法却是当时最先进的。

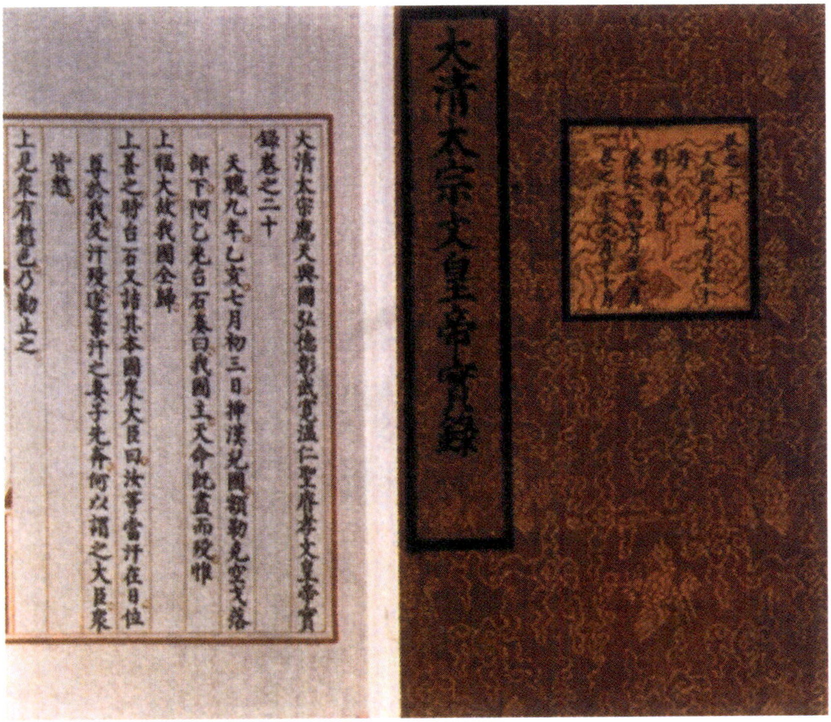

↑《清实录》

编年体是最早的记载历史的体裁。自从司马迁的纪传体出现以后，纪传体就成为历代正史的统一体裁。但是国家记录的各项资料，如记载一朝大事的实录，帝王活动的起居注，还是用编年体的方式。

编年体的影响

《资治通鉴》为编年体开辟了一个新的世界。《资治通鉴》宏大的编制、严谨的体例、翔实的内容和简洁优美的文笔，都足以与任何一部纪传正史相媲美，因而编年史的地位随之大为改观，后继和改编、仿作者接踵而出，创造了一个编年体的时代。

宋代是编年体史书编撰的高潮。其中较著名者有李焘修的《续资治通鉴长编》，记叙北宋九朝168年史事；李心传修的《建炎以来系年要录》，记宋高宗一朝史事。

《续资治通鉴长编》是李焘花了40年心血的代表作。它采用《资治通鉴》长编的体例，记事"宁失于繁，毋失于略"。史料主要来源于实录、国史，同时旁征博引，自经史子集至笔记小说、家乘志状无不参据。据统计，《续资治通鉴长编》所引的书有名可考者达400多种，但这些书大部分已经遗失。

李心传的《建炎以来系年要录》与李焘的《续资治通鉴长编》前后衔接。这部书仅记录宋高宗一朝36年之事，篇幅却达到200卷，记事比《续资治通鉴长编》更加详细。《建炎以来系年要录》取材也是以官修的日历、会要等书为主，同时博采野史、杂记，并且考订史事的异同。《四库全书总目提要》称其书"虽取法李焘，而精审较胜"。

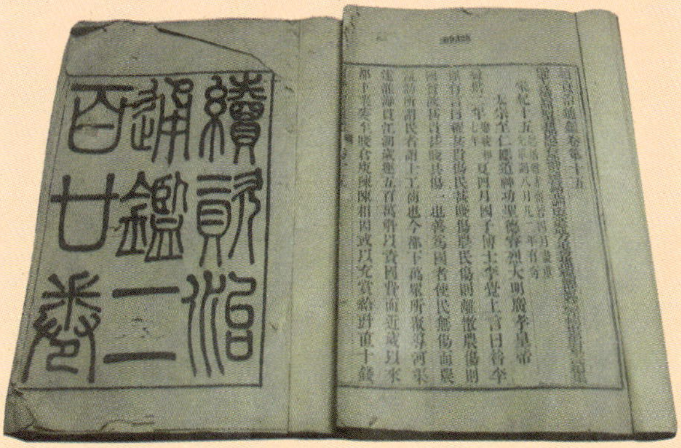

↑《续资治通鉴》

《续资治通鉴》由清代学者毕沅撰写，共220卷，起自宋太祖建隆元年（960年），迄于元顺帝至正二十八年（1368年），在时间上承接《资治通鉴》，体例上借鉴《资治通鉴》，故得名。

典制体的兴盛与延续

杜佑、郑樵、马端临

> 无以规矩，不成方圆。
> 那么古代社会的“规矩”是什么呢？
> 又是如何保存下来的？

中国古代史学理论大家刘知几认为，以班固的《汉书》为代表的纪传体和以荀悦的《汉纪》为代表的编年体，是两种最重要的史学体裁。后世的人没有能超过他们的。他对以前史书的总结，是对的。可惜，对于后来的预测，却是大错而特错。

杜佑写《通典》，开创史书典制体

刘知几说完上述话后，还不到100年，杜佑便突破传统纪传体与编年体的束缚，创立了一种新的史学体裁——典制体，这跟刘知几开了一个不大不小的玩笑。

杜佑生于公元735年，这时候刘知几刚去世十几年。他生活在一个世代为宦的大家族里，为官近60年，历唐朝玄、肃、代、德、顺、宪六代，后十年官至三朝宰相，可谓精于

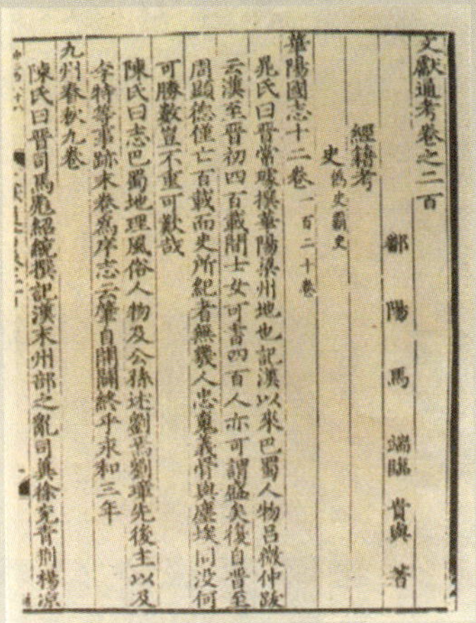
文獻通考卷之二百
鄱陽馬端臨貴與著
經籍考
史 偽史霸史
華陽國志十二卷 一百二十卷
晁氏曰晉常璩撰華陽梁州地也記漢以來巴蜀人物呂微仲跋
云漢至晉初四百載間士女可書四百人亦可謂盛矣後自晉至
周顯德僅亡百載而史所紀者無幾人忠臣義士皆與塵埃同沒何
可勝數豈不重可歎哉
陳氏曰志巴蜀地理風俗人物及公孫述劉焉劉璋先後主以及
李特等事跡末卷爲序志云肇自開闢終乎永和三年
九州春秋九卷
陳氏曰晉司馬彪紹統撰記漢末州郡之亂司冀徐兗青荆楊涼

↑ **《文献通考》**

杜佑的《通典》、郑樵的《通志》、马端临的《文献通考》并称为“三通”。《通典》《文献通考》是中国史学史上典制体史书的杰出代表。《文献通考》的作者马端临，是宋末元初的史学家，宋灭后决意不仕，一心著书。

政治。

然而，他在历史上的突出地位却是他作为史学家的一面。他从唐大历元年（766年）开始撰写《通典》，至贞元十七年（801年）成书，历时36年。

《通典》最大的特点是记载历代典章制度，它把制度分门立目，有食货、选举、职官、礼、乐、兵、刑、州郡、边防九门，每门之下分若干子目，子目之下更有细目。全书条分缕析，结构严谨，浑然一体，创立了以典章制度为中心，分门立目、以类相从、叙其始终的新体裁，这就是在编年体、纪传体之后发展起来的典制体。

夹漈山苦读，郑樵“五十载总为一书”

郑樵，南宋兴化军莆田（今福建莆田）人。他出生于一个世代仕宦的家庭，自幼资质敏慧，博闻强记，勤学不辍。父亲早逝后，郑家开始破落，而年轻的郑樵却矢志放弃科举、谢绝人事，到城北夹漈山修筑草堂三间，开始了自己的苦读生活。

郑樵在夹漈山的苦读生活是清贫而又孤独的，只是“寒月一

← 郑樵塑像

郑樵，南宋学者，他一生不应科举，全心从事学术研究，在经学、礼乐之学、语言学、自然科学、文献学、史学等方面多有成就。所著《通志》一书，是其在史学史上的重大贡献。

窗，残灯一席，讽诵达旦，而喉舌不罢劳”。在深居夹漈山的30年中，郑樵阅读了大量的书籍，家中藏书读完了无钱再买，就徒步到各处借读。由于长年苦读不辍，远近所有藏书家的藏书，几乎都被郑樵借阅诵读过。以至于人们由衷地称赞道：“惟有莆田郑夹漈，读尽天下八分书。”

在这样的努力下，他写成了几十部著作，其中长达200卷的《通志》一书，则是聚合了他所有的知识、倾注了他30年的心血而完成的。用他自己的话来讲，若从收集资料到成书，则是“五十载总为一书”。

《通志》一书是郑樵毕生心血的结晶，是他继承通史遗风，仿《史记》而作的。全书内容广博，除社会历史外，还兼括天文、地理、动物、植物、文学、音韵等，可谓一部百科全书。其中的“二十略”既有继承延续前人的成果，又有自己的创新之处，继《通典》之后，将典制体的记载扩大到20个门类，大大拓展了史书

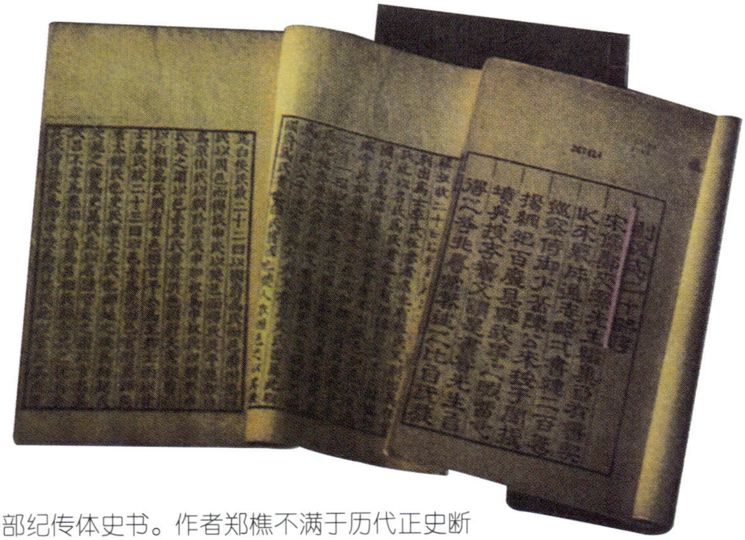

→《通志》

《通志》是一部纪传体史书。作者郑樵不满于历代正史断代史的体例，决意继承司马迁《史记》中“通”的传统，撰写一部起自上古的通史。但是作者没有达到自己的目标，《通志》的纪传部分和其他书的记载多有重复，没有新意，唯有“二十略”是作者的独创所得。

↑《唐六典》

唐玄宗时官修而成，旧题由唐玄宗撰、李林甫等注，实际是张说、张九龄等人编纂，成书于开元二十六年（738年），是现存最早的一部会典，所载官制源流自唐初至开元止。《唐六典》开始撰写时，准备仿照周礼六官安排体例，但实际上是以唐代诸司及各级官佐为纲目，是研究唐代行政制度的重要史料。

记载和史学研究的领域，提高了典制体史书的地位，增强了典制体史书的影响。

立志苦著《文献通考》

马端临，字贵与，饶州乐平（今江西乐平）人，宋元之际著名的史学家。马端临是宋末宰相马廷鸾之子，马端临的父亲曾任史官，这使他年少时就能够接触到丰富的藏书。入元之后，马端临不出仕，而用毕生所学写成了《文献通考》。《文献通考》是继《通典》之后又一部专门论述历代典章制度的著作，其记载上起上古、下至南宋宁宗嘉定末年。全书以杜佑《通典》为蓝本，唐玄宗天宝以前，在《通典》原有的基础上加以增补；天宝至南宋宁宗嘉定末年，则广泛收集材料编撰而成，其中以宋朝制度最为详细。

书名为什么叫《文献通考》呢？马端临在《文献通考·自序》中说："凡叙事，则本之经史，而参之以历代会要，以及百家传记之书，信而有征者从之，乖异传疑者不录，所谓文也。凡论事，则先取当时臣僚之奏疏，次及近代诸儒之评论，以至名流之燕谈，稗官之纪录，凡一话一言，可以订典故之得失，证史传之是非者，则采而录之，所谓献也。"

也就是说，马端临写书所据的材料，不外两个来源：一是书本的记载，即"文"也；一是学士名流的议论，即"献"也。故马端临称此书为《文献通考》。

后人将郑樵的《通志》、马端临的《文献通考》与杜佑的《通典》合称"三通"；并仿照此体例，相继写成了《续通典》《续通志》《续文献通考》《清通典》《清通志》《清文献通考》《续清文献通考》，合称"十通"，成为研究中国古代典章制度的资料和工具书。

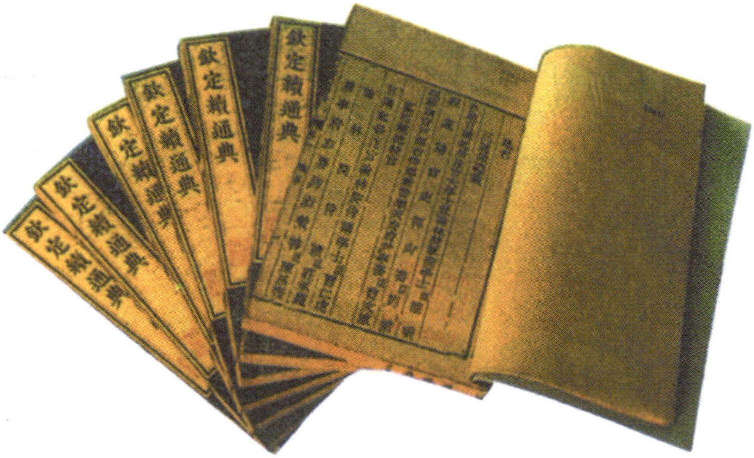

↑《续通典》

清代嵇璜等奉敕撰，纪昀等校订，成书于乾隆四十八年（1783年），"十通"之一。全书共150卷，详细记载了唐肃宗至德元年至明崇祯十七年的典章政制，其中以明代的叙述最为详尽。

纪传本末体之首创

袁枢

历代学者称完全抄取别人材料写成自己著作的人为“善钞书者”。
而袁枢这位“善钞书者”却开创了一种史学体裁。

纪事本末体是我国古代史书编纂的三大体裁之一，和编年体、纪传体一起鼎足立于史坛。而它以明确的独立姿态出现，是在袁枢的《通鉴纪事本末》之后。这部为解读《资治通鉴》所写的《通鉴纪事本末》被清代史学家章学诚称为“化臭腐为神奇”的“前古未有”的杰作。

↓《通鉴纪事本末》

纪事本末体是以历史事件为中心线索来编写的史书体裁。这种体裁由南宋的袁枢首创。袁枢嗜读《通鉴》，可是又苦于《通鉴》的史事记载分散混乱，他想到把《通鉴》的有关史实罗列编汇，于是就有了《通鉴纪事本末》和纪事本末体的产生。

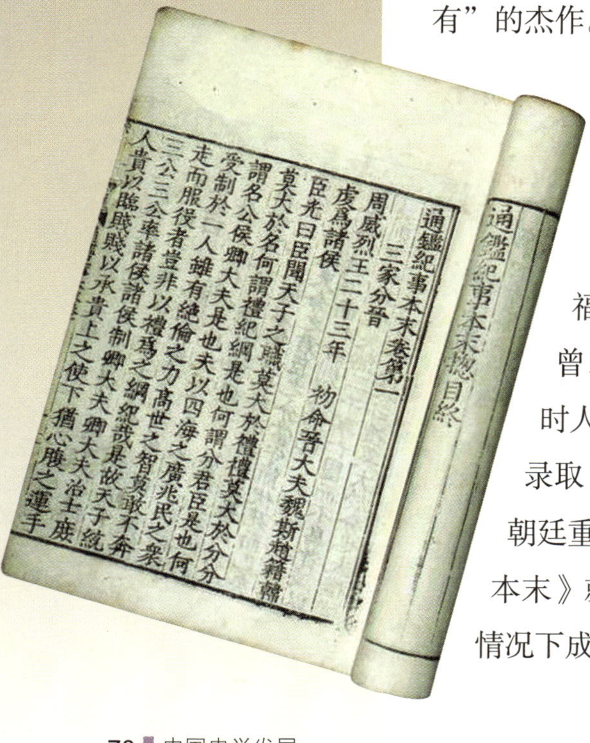

改编《资治通鉴》，开纪事本末体史书先河

袁枢，字机仲，南宋建安（今福建建瓯）人。他自幼好学强记，曾以《修身为弓赋》试国子监，得到时人器重。他后来考进士，以辞赋第一录取，入朝做官。不久因正直为官得罪朝廷重臣，贬谪到地方做官，《通鉴纪事本末》就是在袁枢的政治主张受到冷遇的情况下成书的。

司马光著成《资治通鉴》，主要目的是“资治”，即为帝王提供统治国家的借鉴。从北宋神宗开始，它一直被列为经筵讲读中的主要课程。但《资治通鉴》的记述是“事以年隔，年以事析”，存在体例上的缺点。再加上《资治通鉴》篇幅浩大，皇帝读起来非常费时费力，每天只能读两三章，以致很难弄清一件事情的来龙去脉，难以找到历史的成败得失，更谈不上借鉴了。

面对这种状况，袁枢全面拆编了《资治通鉴》，选择其中的政治军事事件，以事为经，把它们集中突出地编排起来；然后分门别类，按事件的首尾始末，连缀在一起，并独自成篇。这样系统化、故事化之后，再按照一定的“书法”标准，确定了239个题目，显示出作者的想法和意图。

就这样，袁枢就把一部上起战国三家分晋、下至周世宗征淮南，涵盖了1362年历史的《资治通鉴》改编成包括239个专题、只有42卷的《通鉴纪事本末》。至此，一种新的史学编撰体例——纪事本末体，就这样诞生了。

↑**杭州西湖**

今天的杭州在南宋时被称为“临安”，意思是“临时安定”之所，但是随着时间的推移，复国渐渐变成了不可能的幻想，南宋君臣上下满足于暂时的欢乐。在当权者无力改变局面的苟且之中，南宋的士人们开始反思整个传统文化问题。

第三种体例：纪传与编年的结合

自先秦到北宋，史书的编撰体例主要有两种，一是编年体，一是纪传体。前者以《春秋》《左传》《资治通鉴》为代表，后者以《史记》《汉书》为代表。

最先出现的编年体，它以年为经，突出以时间为中心的历史发展顺序，但记事却前后分割，不连贯，破坏了史事的完整性。一个完整的历史事件，被年、时、月、日分割成为许多碎片，往往造成“一事而隔越数卷，首尾难错”。司马迁吸取经验，创立了以人物为中心的纪传体。纪传体运用纪、传、志、表等各种体例，对于时间、事类、人物等各个方面都能兼顾到，但也有各部分之间相互重复和脱节的缺点，结果也是“一事而复见数篇，宾主莫辨”。

总之，编年体和纪传体都各有千秋，但检索不便是它们的共同缺点。为了克服这种缺点，魏晋以来，就有许多人探讨摸索，力求

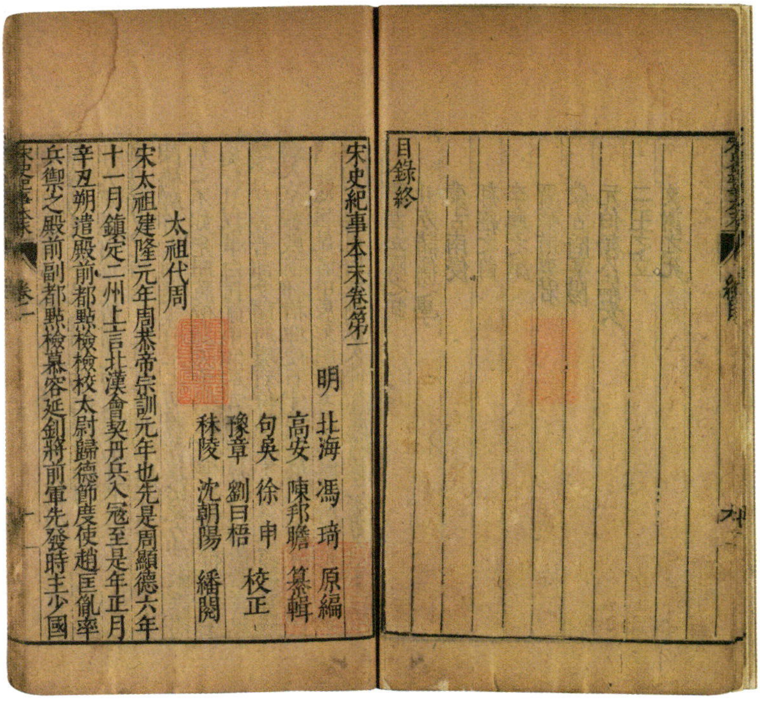

←《宋史纪事本末》

明代陈邦瞻根据冯琦的遗稿完成，共109卷。元朝宰相脱脱主持修纂的《宋史》卷帙繁多，体大不精，为明代史学家所诟病，因此明代史学家热衷于改编《宋史》，本书就是在这样的潮流之下完成的一部以宋史为主，包含宋、辽、金、元初史事的纪事本末体史书。

→《左传纪事本末》

在《通鉴纪事本末》出来以后，纪事本末体成为史书的一种重要体裁，与纪传体和编年体呈三足鼎立之势。很多人也乐衷于把从前没有纪事本末体时代的史事用本末体呈现出来，《左传纪事本末》就是其中之一。但是它只是记叙体例的一种改变，没有史事的补充，价值不大。

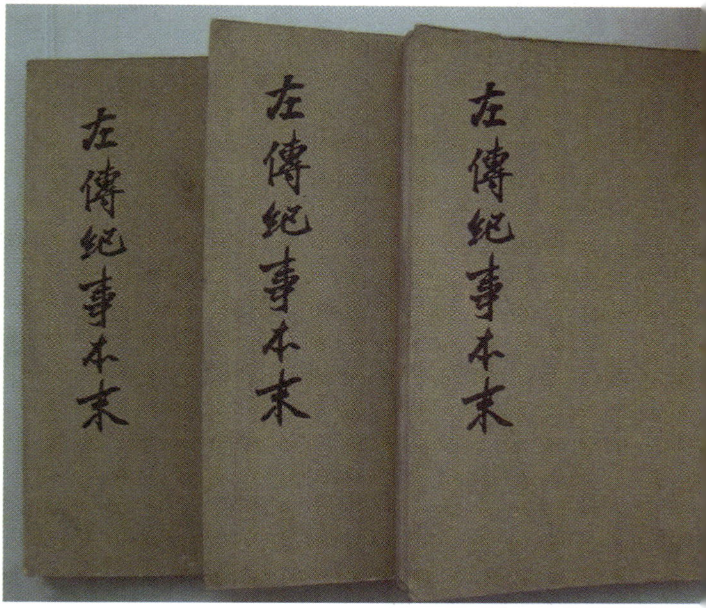

从两种体例之外，获得一种新的两全其美的史书编撰体例。北魏时崔鸿等人编撰的《科录》，据说就是一部以事为纲的自上古到晋代的通史，可惜此书已经亡佚。

直到袁枢改编《资治通鉴》成《通鉴纪事本末》一书，这种探索才取得了突破。袁枢的改编，避开了编年体分割杂陈、支离破碎及纪传体重见复出、前后矛盾的弊端，创立了以纵探事件始末的新方法，从而结束了编年、纪传两体徘徊两千年之久的局面，即纪事本末体。这种体裁与编年、纪传相鼎立，成为我国古代编修史书的三种基本体例之一，一扫往日编撰史书的沉闷之气，产生了深远的影响，具有重要的意义。

中国古代著名史学理论家章学诚在论述中国古代史书体裁演变时，曾称赞道："按本末之为体也，因事命篇，不为常格……文省于纪传，事豁于编年，决断去取，体圆用神，斯真《尚书》之遗也。"这种评价丝毫不为过。

"考镜源流，辨章学术"

黄宗羲、江藩、梁启超

从两汉经学到宋明理学，
中国学术走过了一个漫长的发展过程；
从《伊洛渊源录》到《中国近三百年学术史》，
中国学术流变的记载也日益成熟……

史学思想的发展是中国传统史学的一个重要组成部分，将前代史学思想的发展加以总结分析是非常有意义的。黄宗羲、江藩、梁启超的著作就为我们梳理了前代史学思想的源流和发展。

↑黄宗羲

黄宗羲，早年曾经参加江南知识分子政治团体“复社”，明亡后投身反清复明斗争，失败后专心著书立说。他认为明末的知识分子“清谈误国”，决心总结明朝三百年的儒家各派学说，于是有了《明儒学案》和记述学术源流的学案体的产生。

浙东史学的领军

黄宗羲是“清初三先生”之一，作为一个明朝遗臣，黄宗羲早年参加了反清复明的斗争，失败后退居故里，侍奉老母，安度晚年。尽管朝廷一再以高官厚禄、以礼敦请，但他始终坚辞不就。在后半生，他主要做了三件事：讲学、读书、著述。

和顾炎武的观点一样，黄宗羲认为明朝亡于空疏清谈之风，因此，应该对明朝的学术文化发展作一个详细的总结，《明儒学案》就是在这样的想法上产生的。它记载了明代近三百年学术思想的发展概况，全书把明代200多名学者按照时代顺序分各个学派组织起来，并采集了明代学者的文集、著作、语录，分析宗派，成立了17个学案。每一个学案前面都有小序，简述这个学派的源流和宗旨；接着是学者的小传，对各人生平经历、著作情况、学术思想、学术传授，均作扼要评述；小传之后，便是学者本人著作节录或语录选辑，有时还插上作者自己的评语。

↓黄宗羲讲学像

黄宗羲在读书、著述的同时也讲学，向浙东弟子传授知识。他的很多弟子后来成为清初的第一流人才，其中包括《明史》的实际编修主持者万斯同，他们就是后来“浙东学派”的奠基者。这是纪念黄宗羲的蜡像馆内的黄宗羲讲学像。

在《明儒学案》中，黄宗羲远宗王明阳之学，对王阳明学说的历史地位给予了充分肯定，书中与王学有关的学案占到一半以上。同时对王学重视实践的一面更加突出肯定，并加以发展，开启了清初“经世致用”思想的流行。同时，黄宗羲也能够摒弃门户之见，在尊重王学的同时，并不排斥朱学。

总之，黄宗羲的贡献不仅在于为我们留下了一部完善的学术思想史专著，还在于创立了一种专门记载学术流变的新史体——学案体。后世相继续作，成为史学中一个新的系列。

17~19世纪学术史的记载与梳理

黄宗羲写完《明儒学案》之后，又开始撰写《宋元学案》，可惜只写了17章就去世了。他死后，其子黄百家继承父业，也没有完

↑ **黄宗羲墓**

抗清斗争失败后，黄宗羲在浙江余姚东南的化安山建了草堂，专心读书著述。他死后就葬在化安山下的龙山东南麓，现属陆埠镇十五岙村。

成就去世了。随后，全祖望继承黄宗羲之志，续修《宋元学案》，终成巨著。《宋元学案》《明儒学案》记载的是宋元明三代的学术史，而清朝的学术史，即从17~19世纪近三百年的学术史，则主要是由两个人完成的：一是江藩，一是梁启超。

江藩，字子屏，号政堂，江苏甘泉人，清代经学家、目录学家、藏书家。他于嘉庆年间著成《国朝汉学师承记》8卷，为嘉庆以前的40名汉学家作传，同时附传16人。后来，他又撰成《国朝宋学渊源记》2卷，共记载清代理学家37人，附传6人。江藩的这两部书基本上反映了清代前期汉学与宋学的学术发展历程。

↑梁启超

身兼革命家和史学家双重身份的梁启超，肩负着艰巨的重责大任。在青年时代他就显现出坚毅和睿智。

而对17~19世纪学术记载最为详尽的当属梁启超的《清代学术概论》《中国近三百年学术史》。这两部书也是梁启超新史学的实践。前者是一部简明的清代学术史，认为清代思潮是对宋明理学的一大反动，并把它分为四个时期：启蒙期、全盛期、蜕分期、衰落期。后者用16章、20多万字的篇幅详细记载从1623年（明代天启三年）到1923年这一时期中国学术变迁的大势及其在文化上的贡献，是梁启超长期潜心研究清代学术的结晶。此书在体例上继承了《宋元学案》《明儒学案》，同时有所突破，扩大了对学术的考察面，是研究17~19世纪学术史及思想史的必读之书。

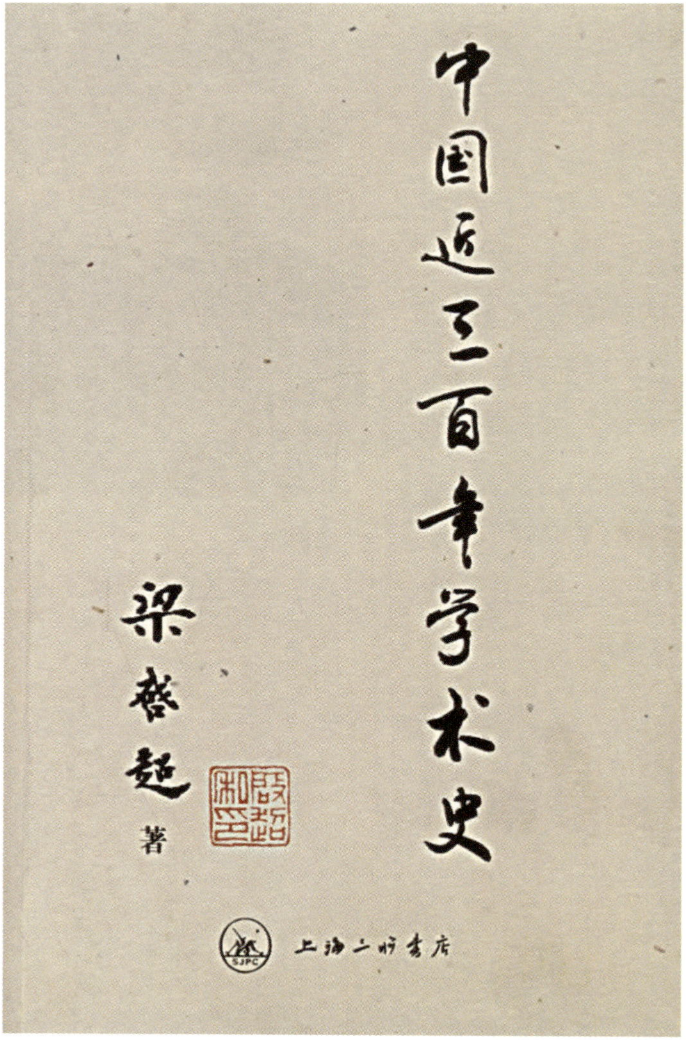

↑《中国近三百年学术史》

原为梁启超在清华大学和南开大学等校任教时的讲义。本书不仅总结和阐发了清代学术思想，而且对开清代学术先河的晚明二十多年和作为清代学术的结束与蜕化的民国十余年的学术思想也有所涉猎和论述。

学案体与《明夷待访录》

学案体裁中的“学”指学术、学派，而“案”则谓考察、按据，学案体是叙述学派源流及其学说内容、考按学术事件而加以论断的专门史学著述形式。在黄宗羲之前，有《伊洛渊源录》《诸儒学案》等萌芽，《明儒学案》把明代各派的学术渊源、学者传记和学术宗旨有机结合起来，构成了一部系统完整的学术思想史巨著。

《明夷待访录》是黄宗羲的另外一本重要著作。《明夷待访录》是他在抗清斗争失败后写的，在书中，他总结了古代专制主义的历史，总结了东林、复社的思想，从而树立了富有启蒙色彩的反专制的民主思想。这本书虽然卷数不多，影响却很大，被誉为中国的“人权宣言”，他也被称为中国民主思想的先驱。

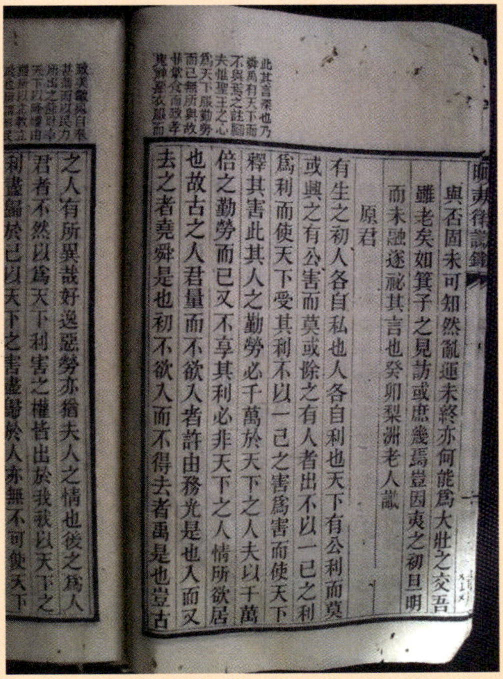
明夷待訪録
與否固未可知然亂運未終亦何能爲大壯之交吾
雖老矣如箕子之見訪或庶幾焉豈因夷之初旦明
而未融遂祕其言也癸卯梨洲老人識
原君
有生之初人各自私也人各自利也天下有公利而莫
或興之有公害而莫或除之有人者出不以一己之利
爲利而使天下受其利不以一己之害爲害而使天下
釋其害此其人之勤勞必千萬於天下之人夫以千萬
倍之勤勞而己又不享其利必非天下之人情所欲居
也故古之人君量而不欲入者許由務光是也入而又
去之者堯舜是也初不欲入而不得去者禹是也豈古
之人有所異哉好逸惡勞亦猶夫人之情也後之爲人
君者不然以爲天下利害之權皆出於我我以天下之
利盡歸於已以天下之害盡歸於人亦無不可使天下

→《明夷待访录》
黄宗羲生活在明朝覆灭之际，亲眼目睹了明朝的灭亡和清朝统治的建立。在这翻天覆地之际，黄宗羲以自己深邃的眼光批判了运行一千多年的君主专制制度，于是有了这部具有启蒙性质、呼唤民主政体的著作。

理论星空的双子座

刘知几、章学诚

> 中国历史学和它的历史一样源远流长，
> 在浩瀚的历史星空中，
> 有两颗星散发着与众不同的璀璨光芒，
> 他们就是对这浩瀚历史作出批判总结的人。

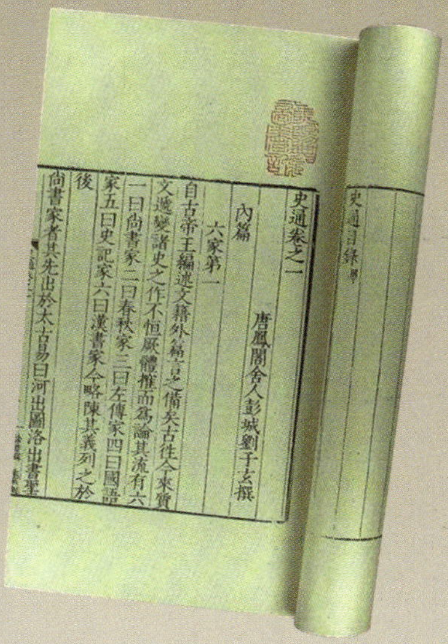

↑《史通》

《史通》是中国古代第一部史学理论专著，共20卷。成于唐中宗景龙四年（710年）。分内外篇，各10卷。内篇专门讨论历史编纂学，最后附以《自叙》；外篇叙述史学源流，杂评古人得失，札记式的写法比内篇更能体现作者的史学观点。

刘知几所作的《史通》是中国第一部史学理论著作。清代章学诚批判性地继承了刘知几的史学思想，成为传统史学理论的集大成者，他的《文史通义》和刘知几的《史通》堪称传统史学上两部伟大的史学理论著作。

史学三长：才、学、识

对中古之前的史学进行系统理论总结的是唐代史学家刘知几。

刘知几生活在唐代中叶，从小学习《左传》，读遍诸史，以史学出名。后来他以著作佐郎的身份进入史馆，兼修国史，不久升任左史，撰起居注。他长期在史馆工作，对国家修史运作非常熟悉。

刘知几有自己独特的史学见解。然而，当

时的史馆一切都听从朝廷的意见，史馆同僚也都不听从他的意见。刘知几空有卓识高见，却遭到同僚的讥笑排挤，自己的主张也得不到实行。抑郁孤愤的他决心与史馆分道扬镳，于是“退而修史”，谁知这一退竟然成就了一代史学理论大家！

刘知几从长安二年（702年）开始写作《史通》，于景龙四年（710年）写成初稿，以后又有增删，断断续续用了十多年的时间才最终完成。如果算上他的准备阶段，这部书应该是他毕生研究史学的心血和结晶。

《史通》分内篇与外篇，共10卷，49篇，它最重要的内容是对我国古代史学流派的划分及对史家修养的论述，这就是“六家二体”“史学三长论”“书法直笔论”。“六家二体”是刘知几对我国自古以来的史书体例做出的高度概括和总结，他认为史籍源流不出“六家”范围，即《尚书》《春秋》《左传》《国语》《史记》《汉书》。在此之上，他认为六书中只有《左传》《汉书》二体，即编年体和纪传体留传于世。刘知几的这种划分得到了后世学者认可，以六家论史也表现出他对经史同源的认同。

那么，什么是“史学三长”呢？刘知几所说的史才是指史书的表达形式，主要是指有关写作的方法和语言技巧；史学是指史事，即材料；史识则是指研究历史的观点和方法，包括坚持直笔和反对曲笔论，三者缺一不可。这样，刘知几构造了一个系统的、相当完整的理论体系，这就把古代史学研究工作提到了一个空前的理论高度。直到清代章学诚在史识之外又提出史家的道德修养即史德，才有所突破，而这已经是一千年之后的事情了！

“六经皆史”与史德

1738年，会稽（今浙江绍兴）一个中下层官僚的家庭里，伴随着响亮的哭声，一个婴儿呱呱落地，家族的人们都喜气洋洋。他们谁都没有想到，这个婴儿日后会成为中国古代史学理论的集大成者。

这个刚出生的孩子就是章学诚。可是，命运似乎总爱和人开玩笑。尽管章学诚日后成为史学大家，但他在人生的前半期一直拖家带口地流浪，一直依附于他人门下。直到1778年他终于考中进士，别人都以为他会安定下来，可惜他们都猜错了。章学诚自认为与世俗不和，不愿做官，仍是贫困如故，依人为生。

就在这颠沛流离、极度困难的生活中，他却著述不断，最终成为中国古代史学理论的集大成者、方志学理论的开创实践者，被称为“乾嘉后思想解放之源泉”“浙东史学的殿军”。但这都是对其死后的评价，生前他一直落落寡合，毫无名气，很不得志。

章学诚在史学理论上的重大贡献突出表现在“六经皆史”说与“史德”说，这些思想都在他的著作《文史通义》中体现出来。该书有内篇5卷、外篇3卷、补遗1卷、补遗续1卷，共150余篇。同他本人一样，《文史通义》也成为中国古代史学理论的最高峰。

他说：“六经皆史也。古人不著书，古人未尝离事而言理。六经皆先

↑章学诚

章学诚把一生精力都用于讲学、著述和编修方志。所著《文史通义》与唐代刘知几的《史通》并称中国古代史学理论的双璧。但是章学诚一生贫困，所著书稿多有散佚。其学术思想也在清末才得到近代学者梁启超等人的重视。

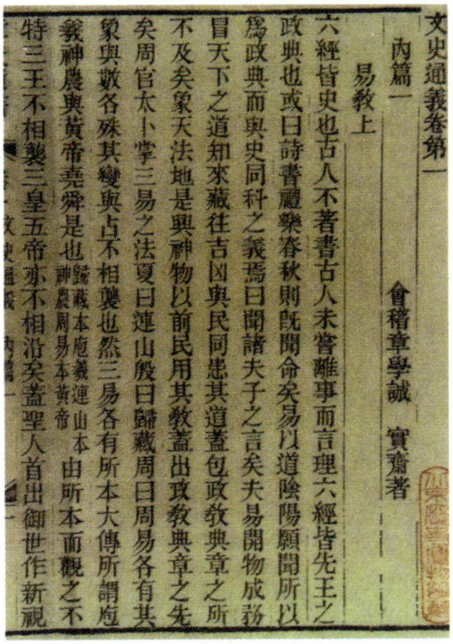
文史通義卷第一
內篇一　　會稽章學誠　實齋著
易教上
六經皆史也古人不著書古人未嘗離事而言理六經皆先王之
政典也或曰詩書禮樂春秋則既聞命矣易以道陰陽願聞所以
爲教之意曰聞諸夫子之言矣夫易開物成務
冒天下之道知來藏往吉凶與民同患其道蓋包政教典章之所
不及矣象天法地是興神物以前民用其教蓋出政教典章之先
矣周官太卜掌三易之法夏曰連山殷曰歸藏周曰周易各有其
象與數各殊其變與占不相襲也然三易各有所本大傳所謂庖
羲神農與黃帝堯舜是也（歸藏本庖羲連山本神農周易本黃帝）由所本而觀之不
特三王不相襲三皇五帝亦不相沿矣蓋聖人首出御世作新視

← 章学诚《文史通义》

章学诚不太满意于刘知几、郑樵等人的史学理论，于是著书说明了自己对编史的看法。《文史通义》共8卷，包括内篇和外篇两部分。

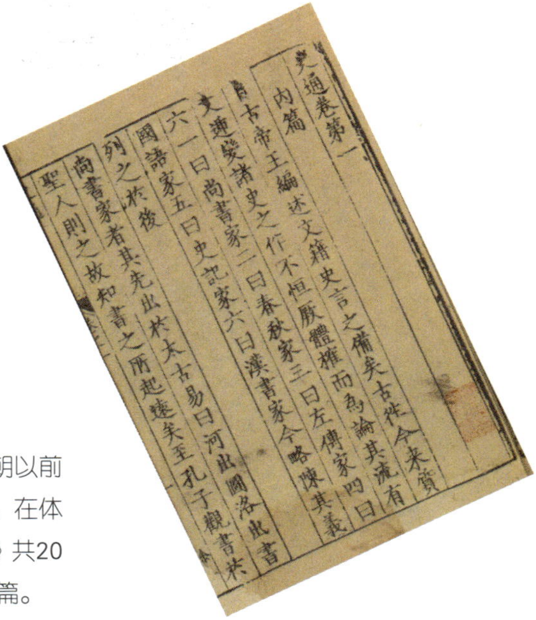
史通卷第一
內篇
自古帝王編述文籍史言之備矣古往今來質
文遞變諸史之作不恒厥體榷而爲論其流有
六一曰尚書家二曰春秋家三曰左傳家四曰
國語家五曰史記家六曰漢書家今略陳其義
列之於後
尚書家者其先出於太古易曰河出圖洛出書
聖人則之故知書之所起遠矣至孔子觀書於

→ 刘知几《史通》

全书以专题论文形式写成，对中国唐朝以前的史籍进行了全面总结、分析和批评，在体例、内容上都有空前的创新。《史通》共20卷，内篇10卷，39篇；外篇10卷，13篇。

王之政典也。”这就打破了自汉代以来把六经作为高高在上的儒家官方经典的局面，恢复了历史真实，并扩大了史学的范围，对于解放经注对人们的束缚，起到了重要的作用。

同时，他在唐代刘知几“史学三长”的基础上，新增加了“史德”说，即史家的心术，也就是道德及史观，这对后世史学家提出了新的更高的要求。

除了《文史通义》，章学诚还在方志的编修上成就突出。他第一次说明了方志与史部中的地理书不同，认为方志是别史的一种，不是专门的地理书，它的编写方法应仿效国史体法，采取纪传表志的综合体裁。章学诚的方志分纪、表、图、书、列传和政略。他主修了《和州志》《永清县志》《亳州志》《湖北通志》等多种方志，现今只有《永清县志》《和州志》尚存。

历史读物之普及

朱熹、吴乘权

一部“二十四史”，煌煌千万言，
普通人自然望书兴叹；
朱熹著书，本意是“正名分，明天理”，
却开创了历史普及的新天地……

《资治通鉴纲目》是中国第一部纲目体史书，它纲举目张，被誉为“愈于涑水《通鉴》”。当然，这其中很大一部分是从它的通俗性来讲的，它的巨大贡献就在于让史学著作离普通人近了一步。

倡导通俗历史读物的一代宗师

朱熹在中国思想史上的地位可谓无人不知，无人不晓。他是宋代理学的集大成者。他所继承创新的程朱理学对之后中国的社会生活产生了重大影响，就是这样一位古代

← 朱熹

朱熹以思想家的身份为人深知。他继承了二程、张载的思想，开创了理学，被人称为儒学的复兴。他深邃的思想得自他对经学、史学、文学、佛学、道教乃至自然科学的广泛涉猎。

博学的学者，行文著述却采用通俗易懂的“白话文”，并用这种语体编成了通俗历史读物——《资治通鉴纲目》。

对《资治通鉴纲目》的批评

朱熹所作的《资治通鉴纲目》虽然取材于《资治通鉴》，但意在褒贬史事，宣扬正统观念和纲常名教，所有《资治通鉴》中与此不合之处一律删改。如三国时改以蜀为正统，唐代武则天称帝后仍记为中宗的年号。这样一本“扶纲常、植名教”的训示书籍得到后世君主，尤其是清代统治者的重视。但是这种只讲究褒贬，不广采史料的做法使得该书的史料价值很低。

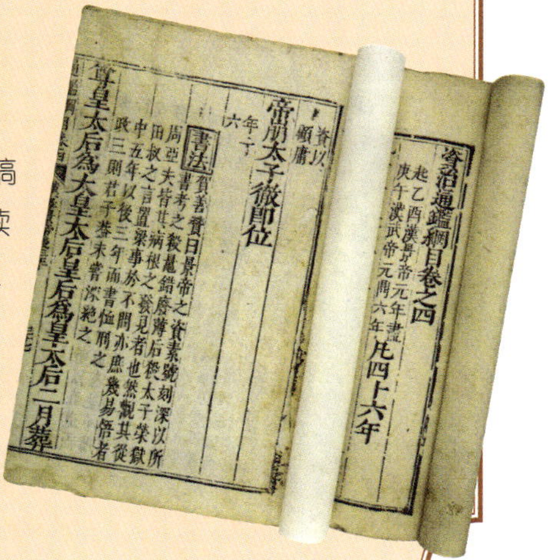

→《资治通鉴纲目》

《资治通鉴纲目》，是朱熹生前未能定稿的史学巨著，其门人赵师渊于樊川书院续编完成。它的内容主要注重严分正闰之际、明辨伦理纲常，并注意褒贬春秋笔法，是朱熹对司马光的正统观的道德解释。虽然创造了一种新的史书体裁，但是史学价值不高。

司马光的《资治通鉴》编成后，由于卷帙繁多，读起来颇为费劲，并且司马光在论述具体史事变动时，不能正名分、明纲常天理。于是朱熹对其进行了改编，并由其门人赵师渊最终续编完成了《资治通鉴纲目》。《资治通鉴纲目》先根据时间顺序写出史事的提纲，用大字标明，既具有标题作用，提纲挈领，文字简洁，同时又寄寓了作者的褒贬，是为纲；所谓目，就是对史事的具体记述，用小字分注。这样，纲举目张，一目了然，浅显通俗，而且卷数不多，共59卷，仅为《资治通鉴》的五分之一左右，非常适合一般

←《纲鉴易知录》

《纲鉴易知录》被正统史学家认为是一部不登大雅之堂的通俗历史书籍。可是这种"俗"也造就了它的流行。《纲鉴易知录》在纲目体史书十分盛行的清初时期编成，著者是吴乘权和周之炯、周之灿兄弟。《纲鉴易知录》也是清代史书中流行最广的一种。

人阅读。后人纷纷仿效，最著名的当属清代吴乘权的《纲鉴易知录》。这一系列通俗纲目体史学著作，有20多种，对史学的普及起到了积极的推动作用。

通俗的延续者

吴乘权于清顺治十二年（1655年）出生在浙江绍兴的一个书香家庭。他幼承家教，读书格外勤奋，年纪轻轻就学识渊博。本来能科举入仕，但因病错过了几次乡试，从此断送了仕途。吴家少了一位高官，却造就了一位文化名人。

吴乘权虽做官无望，却仍发奋求学，手不释卷。他曾去福建投奔伯父——著名军事理论家、福建巡抚吴兴祚，一面任幕府师爷，一面做堂弟的伴读，很受伯父器重。后来，吴乘权回到家乡，长期以授馆为业，教书糊口，稍有余暇，便潜心编书。流传至今的著名古文选集《古文观止》就是他与侄子吴调侯合编的，《纲鉴易知录》也是他与周之炯、周之灿一起采用朱熹《资治通鉴纲目》体例编成的。

吴乘权等三人认为《资治通鉴》"卷帙太烦，岂能一概记诵"，因此准备编一部篇幅适中、繁简适度的历史书，他们为此花费了6个寒暑。吴乘权在自序中说明了此书的编辑方法和编辑思想："苦简编之汗漫，为之摘要而删繁；虑大义之不明，为之提纲而挈领。"这套书，从上古神话传说时代直到战国，主要依据刘恕的《通鉴外纪》和金履祥的《通鉴前编》；从战国到五代这一千三百多年，依据朱熹的《资治通鉴纲目》；宋元两朝依据商辂的《续资治通鉴纲目》；明朝部分，也叫《明鉴易知录》，也算是一部独立著作，依据则是朱国标从谷应泰《明史纪事本末》节抄的《明纪钞略》。他们从这些大部头的书中精选材料，删繁就简，最终编成了这样一部180万字的书。

全书共107卷，体例有纲，有目，属于纲目体的通史。它将通古贯今数千年历史的发展变化尽收书中，从盘古开天地的远古传说开始，直到明朝灭亡的1644年为止。全书最大的特点就是重在简明。这种做法是符合客观要求的，因为各朝的史书，只从分量上看，就令人有"浩渺无际"之感，要使一般人能够在较短的时间内领会全部要点，只有简明，这也是普通人所希望的。

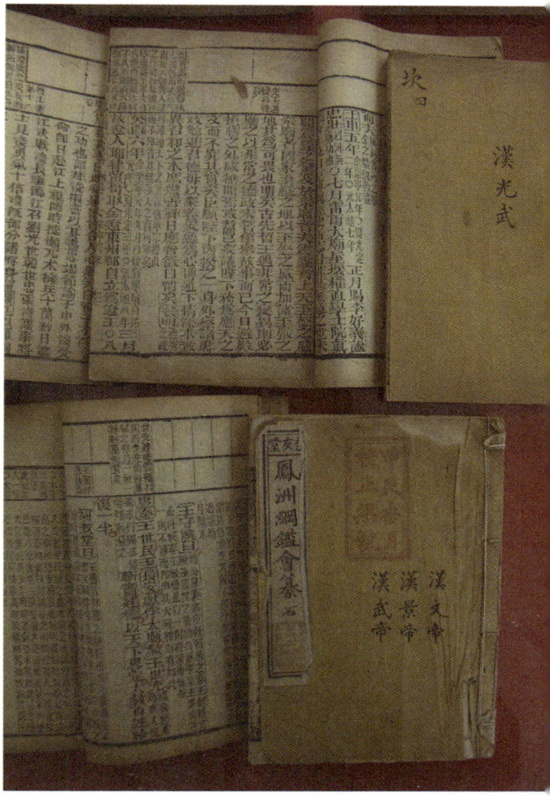

↑王世贞《历朝纲鉴会纂》

又称《凤洲纲鉴会纂》《王凤洲先生纲鉴正史全编》。《资治通鉴纲目》这本书和纲目体出现以后，以这种体裁著书立说的人越来越多。明朝时出现了大量私人编著的纲目体史书，重要的有王世贞的《历朝纲鉴会纂》、袁黄的《历史纲鉴补》和顾锡畴的《纲鉴正史约》等书。

盗墓贼的意外贡献

《汲冢书》与上古史的改写

一个盗墓贼打开了国君的坟墓，
运走了自以为宝贵的无数珍奇异宝。
不料，他丢弃的照明火把，
却震惊了世人数千年。

《汲冢书》被后世史学家称为“中国盗墓史上的一桩奇事，也是幸事”。它的重见天日是盗墓贼的意外贡献，颇具传奇色彩。

一个震惊的发现

西晋咸宁五年（279年）的一个深夜，汲郡（今河南汲县）有个名叫不凖的人，经过长期的秘密探测挖掘，终于打开了魏国国君的坟墓，进入到墓室。这时，展现在他面前的是一个奇异的世界。墓室中有大量君王用的玉器、铜器、铁器，这在当时看来是非常珍贵的物品。他急忙把这些物品运出去，可是，物品太多，一次又一次的搬运，自己的火把不够用。于是，他点燃了墓室中的一些竹简，当作火把，随即于天亮前离去。

第二天，官府知道了这件事情。当官员们到来时，墓室中留下的只有一大批竹简，可惜他们都不认识上面的文字，于是这些竹简被分装成几十车，运到京城。

京城的学者荀勖、和峤、束皙、卫恒和杜预等人仔细辨认，终于发现它们是用战国时期的古文写成的，看起来像蝌蚪，故名蝌蚪文。由于西晋时通行的文字是隶书，所以大多数人并不认识这种蝌蚪文。后来，他们经过整理研究，把这批竹简改写成当时通行的隶书体。一看书的内容，人们都大吃一惊!

竹简的内容

这些竹简经整理得书75篇，统称为《汲冢书》，编入当时的图书目录中。汲就是汲郡，冢就是坟墓，《汲冢书》也就是汲郡坟墓里的书。其中，《纪年》最为重要。因为是用古文写成的，所以称《古文纪年》；又因为是在汲郡的坟墓里发现的，所以又称《汲冢纪年》。直到北魏郦道元注《水经》，引用此书作纪年，为说明出处，特意加上“竹书”二字，称为《竹书纪年》。

《竹书纪年》是以编年体记事的史书，记述了夏商周三朝的历史，记载到周幽王为犬戎所灭后，接着记载晋国政事；而到了三家分晋后，就只记载魏国的历史了。因此，人们认为它是一部魏国的国史，作者应该是魏国史官。这部编年体的史书是古代唯一一部未遭秦始皇焚烧和儒家篡改的编年体通史。其记载能与甲骨文、金文、《史记》、《春秋》等多方面的资料相印证，真实可信，并且能够纠正现存史书的谬误，如《史记》中关于战国年表中的混乱错误，后世史学家通过《竹书纪年》重定年表，成为重建战国年代世系的主要依据。

《竹书纪年》的出土和整理，还刺激了晋代史学的发展，编年体史书大量出现，比如习凿齿的《汉晋春秋》、孙盛的《晋阳秋》、干宝的《晋纪》、陆机的《晋纪》、刘谦之的《晋纪》、裴松之的《晋纪》等，史学彻底从经学中独立出来，在南朝时成为独立的学科。

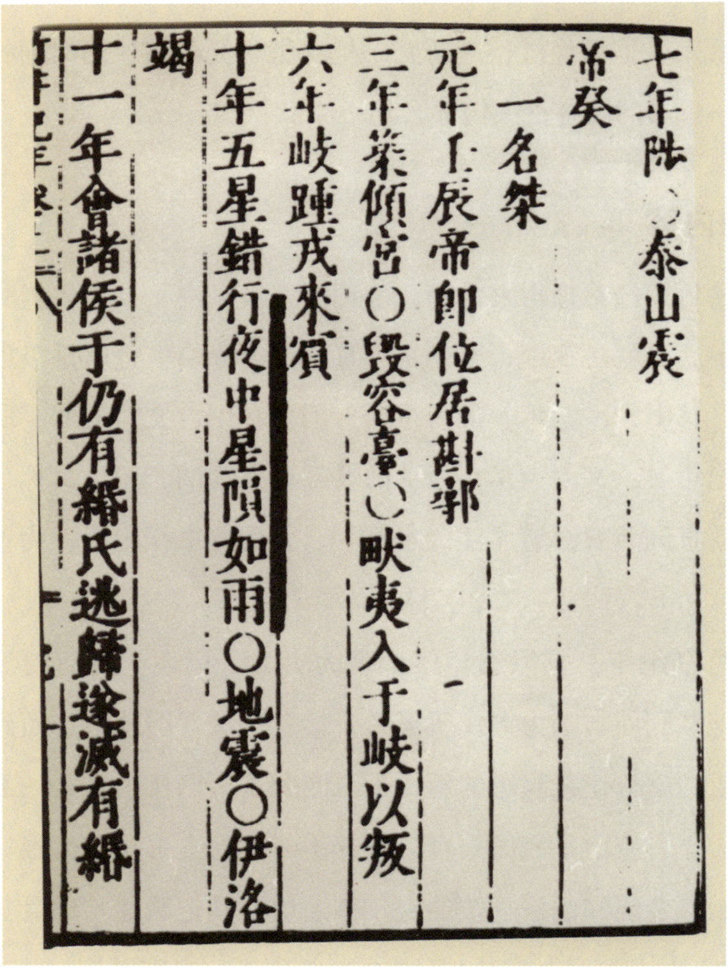

七年陟泰山震

帝癸 一名桀

元年壬辰帝即位居斟鄩

三年築傾宮○毀容臺○畎夷入于岐以叛

六年岐踵戎來賓

十年五星錯行夜中星隕如雨○地震○伊洛竭

十一年會諸侯于仍有緡氏逃歸遂滅有緡

↑《竹书纪年》

战国时期魏国史书。西晋武帝咸宁年间，汲郡人不准盗掘了一处古冢，内有竹简文书，记载了从夏商周时期到战国时期魏国的历史。这个古冢应该就是战国魏襄王的墓，竹简文字展示的是魏国的国史。竹简上的记载与史籍的记载相互佐证，可是又有不同之处，引起了当时人们的恐慌。

对儒家古史的否定

然而更大的意义是：《竹书纪年》的发现，是对以儒家历史观为根基的《春秋》—《左传》—《国语》系统和后世的《史记》—《汉书》系统的一次重大颠覆。书中内容与后世儒家经典相差比较大的有：夏启是杀了益以后得到的王位；太甲杀了伊尹；文丁杀了季历；周幽王死后，是共伯和摄行天子事，而不是二相共同执政，也就是“共和”。这是对儒家的上古史学体系的一次颠覆。原先被儒家形容的所谓“禅让”，竟然是赤裸裸的残杀！上古时代根本不是儒家说得那么淳朴，而是与后世宫廷政治一样的血腥！

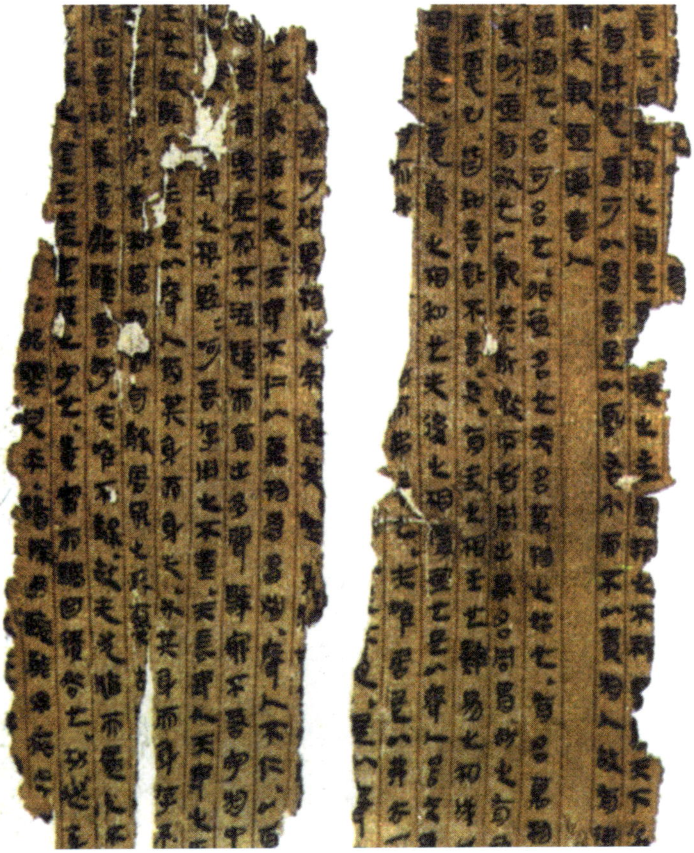

← 帛书

纸张作为文字的承载工具在东汉以后才普遍流行。在纸出现之前，甲骨、竹简、青铜、绢和帛都曾经作为文字的载体。绢和帛是除竹简外最常见的，不过由于帛比较贵，不能普遍使用。

《竹书纪年》出土之后，给当时的思想学术界带来了巨大的震动，晋代许多学者就曾经发生过论难。魏晋时期玄学与印度佛教大行其道，《竹书纪年》恰恰符合了这一历史潮流，给了儒学的历史系统沉重一击。此后《竹书纪年》在这一潮流的影响下顺利得以传承，直到唐中期。此后儒学复兴，宋代开始重新居于统治地位，与儒家史学体系冲突极大的《竹书纪年》理所当然地灭亡。从安史之乱到唐末五代，传抄本逐步开始散佚，至北宋末年已亡佚大半，南宋时就只存3卷了！宋代的《崇文总目》《郡斋读书志》《直斋书录解题》已不加著录。今天我们看到的王国维的《古本竹书纪年辑校》《今本竹书纪年疏证》及朱右曾的《汲冢纪年存真》，都是从其他书中辑出来的辑佚本。

→ 秦权上的古文字

秦权是秦朝为统一全国衡制而由官府颁发的标准衡器，实际上就是天平衡杆的砝码。秦权在陕西咸阳、西安、临潼、宝鸡，甘肃秦安，山东文登，江苏盱眙，山西左云，河北围场，内蒙古赤峰和敖汉旗都曾有出土。这表明秦代确实向全国推行了统一的衡制。

↑睡虎地秦代竹简

1975年12月，在湖北省云梦县睡虎地出土了一批秦代竹简。其内容大部分是秦代的法律文书。这些法律文书包括法律令、法律答问和司法文书三个部分，为研究秦代法律提供了极为珍贵的历史资料。

中国史学发展大事记 Chronology

公元前9世纪

公元前841年
周共和元年　自本年起，中国历史开始有确实的年代可考。

公元前6世纪

公元前551年
周灵王二十一年
鲁襄公二十二年
孔子出生。

公元前5世纪

公元前479年
周敬王四十一年
鲁哀公十六年 孔子去世。

西周铜器

公元元年

公元前1世纪

公元前91年
汉武帝征和二年
司马迁约于本年后著成《史记》。

公元1世纪

32年
汉光武帝建武八年
《汉书》作者班固出生。

82年
汉章帝建初七年
班固著成《汉书》。

《史记》

公元前3世纪

公元前2世纪

公元前403年
周威烈王二十三年 《左传》约著成于本年之后。

公元前213年
秦始皇三十四年 秦始皇下令焚书，战国时各国史书被焚。

公元前145年
汉武帝建元六年 《史记》作者司马迁出生。

公元前104年
汉武帝太初元年 司马迁开始撰写《史记》（原名《太史公书》）。

司马迁

公元3世纪

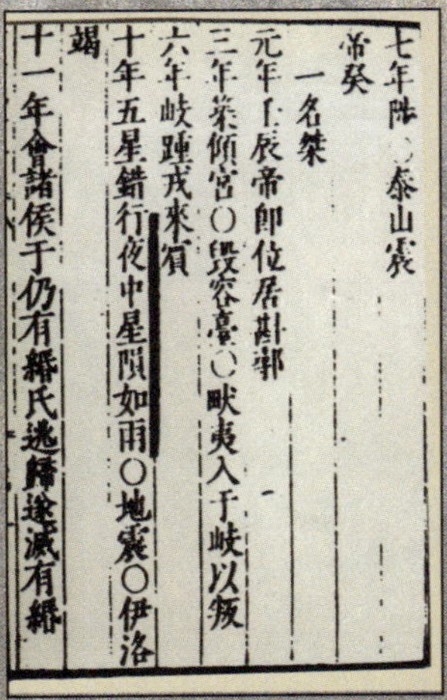
七年陟○泰山震
帝癸 一名桀
元年壬辰帝即位居斟鄩
三年築傾宮○毀容臺○畎夷入于岐以叛
六年岐踵戎來賓
十年五星錯行夜中星隕如雨○地震○伊洛竭
十一年會諸侯于仍有緡氏逃歸遂滅有緡

《竹书纪年》

279年
晋武帝咸宁五年 汲郡人不準盗古墓，人们在古墓内发现《竹书纪年》等书。

280年
晋武帝太康元年 吴归命侯天纪四年 三国吴亡，陈寿自本年后开始撰写《三国志》。

中国史学发展大事记 Chronology

公元4世纪

323年
晋明帝太宁元年
李充著《晋元帝四部书目》，把史部地位提升为乙部。

公元5世纪

432年
宋文帝元嘉九年　范晔于本年后开始撰写《后汉书》。

公元6世纪

554年
北齐文宣帝天保五年
魏收著成《魏书》。

593年
隋文帝开皇十三年
隋禁止私人修史。

公元7世纪

636年
唐太宗贞观十年
姚思廉、李百药、令狐德棻、魏徵等修成梁、陈、齐、周、隋五代史书。

公元8世纪

710年
唐中宗景龙四年
刘知几著成《史通》。

738年
唐玄宗开元二十六年
官修《唐六典》完书。

《唐六典》

公元7世纪

622年
唐高祖武德五年 令狐德棻等奉命撰修魏、齐、周、隋、梁、陈诸代史书。

627年
唐太宗贞观元年 李百药开始修《齐书》。

629年
唐太宗贞观三年
唐移史馆于门下省，由宰相监修国史。

唐太宗

公元9世纪

801年
唐德宗贞元十七年
杜佑著成《通典》。

公元10世纪

921年
后梁末帝龙德元年
史馆建议搜求史料，编修唐代史书。

945年
后晋出帝开远二年 刘昫等修成《旧唐书》。

中国史学发展大事记 Chronology

公元10世纪

973年
宋太祖开宝六年
下诏编修《旧五代史》。

1036年
宋仁宗景祐三年 欧阳修
开始编修《新五代史》。

1060年
宋仁宗嘉祐五年
《新唐书》在欧阳
修的主持下完成。

公元12世纪

1162年
宋高宗绍兴三十二年
诏命郑樵将《通志》进
献给朝廷，并任命郑樵
担任枢密院编修官，但
当时郑樵已病逝。

公元14世纪

1343年
元顺帝至正三年 丞相脱
脱主持修撰《辽史》《宋
史》《金史》。

1368年
明太祖洪武元年
下诏编修《元史》。

《元史》

公元11世纪

1065年

宋英宗治平二年司马光开始主持编修《资治通鉴》。

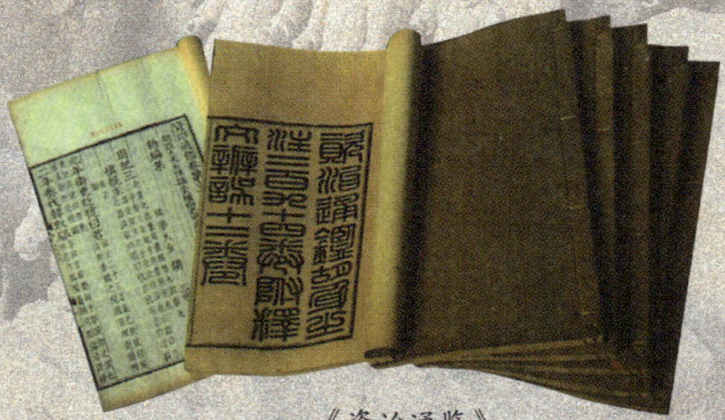

《资治通鉴》

1084年

宋神宗元丰七年 《资治通鉴》编成。在《资治通鉴》之外，司马光又写了《资治通鉴考异》《资治通鉴目录》来为这本巨著作说明。

公元17世纪

1645年

清世祖顺治二年下诏成立史馆开始编修《明史》。

1676年

清圣祖康熙十五年黄宗羲《明儒学案》编成。

黄宗羲

公元18世纪

1735年

清世宗雍正十三年《明史》定稿。

1739年

清高宗乾隆四年《明史》刊刻进呈。《明史》的编修，历经三朝皇帝，共95年，是“二十四史”中编修工作持续时间最长的史书。

再现 世界历史 90册

公元前～公元4世纪

- 1.史前时代
- 2.两河流域文明
- 3.古埃及历史与文明
- 4.古印度历史沧桑
- 5.夏商周时代
- 6.中国文字发展
- 7.史诗世界
- 8.犹太王国
- 9.春秋战国
- 10.诸子百家
- 11.古希腊城邦
- 12.古希腊文化
- 13.马其顿帝国
- 14.秦汉大一统
- 15.中国史学发展
- 16.三国鼎立
- 17.中国古代科技
- 18.罗马帝国
- 19.古罗马文化
- 20.拜占庭帝国

5～15世纪

- 21.南北朝
- 22.西欧中古时期
- 23.隋朝与大运河
- 24.阿拉伯帝国
- 25.阿拉伯文化
- 26.盛唐气象
- 27.中国典章制度
- 28.西欧民族国家的兴起
- 29.宋王朝兴衰
- 30.中国经学
- 31.十字军东征
- 32.诺曼征服
- 33.成吉思汗与蒙古西征
- 34.忽必烈与元朝
- 35.奥斯曼帝国
- 36.大明王朝
- 37.印第安文明
- 38.意大利文艺复兴
- 39.地理大发现